ALBERGO ELVEZIA RISTOR
RISTORANTE PIZZERIA
SEMPRE APERTO
DURCHGEHEND
ALWAYS OPEN

Alfred Haefeli

SCHWEIZER KÜCHE

Eine kulinarische Reise durch 26 Kantone

FONA

www.fona.ch

Lektorat
Léonie Schmid

Idee, Konzept und Rezeptauswahl
schweizbuch, 5708 Birrwil

Rezepte
Aargauer Landfrauen, Erica Bänziger, Carine Buhmann, Jacky Donatz, Irma Dütsch, Silvia Erne-Bryner, Fritz Gfeller, Robert Haupt, Stefan Stich

Gestaltung
FonaGrafik, Hiroe Mori

Foodbilder
Claudia Albisser, Luzia Broger, Dave Brüllmann, Markus Dlouhy, Fribourg Tourismus, Martin Hemmi, König & König, Jules Moser, Andreas Thumm, Freiburg i. Br.

Kapiteleinstiegsbilder
Fotnachweis beim Verlag. Wir danken den porträtierten Unternehmen und Institutionen für die Abdruckrechte der Bilder.

Druck
Druckerei Uhl, Radolfzell

ISBN 978-3-03780-492-6

Inhalt

+ VORWORT +

Kochen für den Genuss und für die Seele

Weil es die typische Schweizer Küche gar nicht gibt, wäre der Buchtitel «Von Schweizer Küchen» zutreffender. Er ist eine Art Sammelbegriff, welcher für die Vielfältigkeit der regionalen Küchen-Kulturen in den 20 Kantonen und 6 Halbkantonen steht. Geprägt wurden sie in allen Landesteilen von der überwiegend bäuerlichen Bevölkerung. Je nach Einfluss der dazumaligen Obrigkeit sind Eigenheiten von Österreich, Italien, Frankreich und Süddeutschland in den Gerichten noch spürbar. Eine Ausnahme bildet hier die Bündner Küche, die sich sehr stark von den übrigen Regionalküchen unterscheidet. Der flächenmässig grösste Kanton, der aus den drei Bünden über die Jahrhunderte entstanden ist, konnte eine eigenständige Küche entwickeln. Entstanden sind Trockenfleisch-Spezialitäten oder typische Gerichte wie Capuns, Pizokel, Maluns, Plain in Pigna und viele mehr. In der Küche stark beeinflusst von der Berner Herrschaft wurde das grosse Untertanengebiet, das vom Aargau bis vor die Tore Genfs reichte: Hier gab es vor allem Speisen aus Kartoffeln, Getreide und Gemüse.

Der Gemeinsamkeiten sind trotzdem viele: die qualitativ hochstehenden Produkte aus der Landwirtschaft, die vielen unverfälscht überlieferten schmackhaften Gerichte und die vorwiegend einfache Art des Kochens. Allerdings haben sich die einst üppigen, dem hohen Energiebedarf der arbeitenden Bevölkerung entsprechenden Rezepte der heutigen Zeit angepasst: Sie sind leichter geworden und wurden geschmacklich verfeinert. In dieser kleinen helvetischen Rezeptsammlung sind nicht hauben- und sternefördernde Zubereitungsarten gefragt, sondern ein lustvolles, möglichst saisongerechtes, an den Herd der Grossmutter erinnerndes Kochen.

Jedem Kanton ist in diesem Buch ein Kapitel gewidmet, das je nach Bedeutung der regionalen Küche für die Gesamtbevölkerung zwei bis vier traditionelle Gerichte mit dazugehörendem Rezeptbild bietet. Dazu gehören Porträts von Lebensmitteln oder von noch weniger bekannte Spezialitäten. Kennen Sie den Unterschied zwischen einer Saucisson und einer Saucisse neuchâteloise? Sie haben Damassine noch nie gekostet? Hier kann man Klischeevorstellungen einer Region bestätigt bekommen oder völlig neue Erkenntnisse gewinnen. Zum Beispiel mit einem AOC-geschützten Gemüse: Kardy. Dies ausgerechnet in der Weltstadt Genf.

Für Ihr Wohlwollen, das Sie dem kleinen Kochbuch entgegenbringen, danke ich Ihnen ganz herzlich. Ich wünsche Ihnen einen guten Appetit mit den selbstgekochten Gerichten aus 26 Kantonen.

Alfred Haefeli

AARGAU

UrDinkel – das wertvollste Getreide seit 2000 Jahren + Der Dinkel war während Jahrhunderten eines unserer wichtigsten Lebensmittel. Mit dem Vorläufer, dem Oberkulmer Rotkorn, hat er seine Wurzeln im Aargauer Wynental. Er wird zu Recht «Das gesunde Getreide» genannt, ist doch der Anteil Energie aus Eiweiss und Fett wesentlich höher als bei anderen Sorten. Für einen besseren Stoffwechsel oder bei einer Weizenunverträglichkeit ist der Dinkel meist die Lösung. Bauern, eher kleinere Mühlenbesitzer und Bäcker retteten das alte Korn, indem sie sich zu einer Interessengemeinschaft (IG) Dinkel zusammenschlossen. Sie verkauft das Getreide unter dem geschützten Label UrDinkel. Die Vertragspartner bauen den Dinkel in IP- (kontrollierte integrierte Produktion) oder in Bio-Qualität an. Mit dem UrDinkel ist eine Getreideart erhalten geblieben, die züchterisch kaum verändert wurde. Ertragsmässig ist er deshalb hinter dem Weizen zurückgeblieben. Selten wurde ein altes wiederentdecktes Lebensmittel so oft schlecht geredet wie Dinkel. Wer selbst mit Dinkelmehl bäckt oder Brot und Backwaren aus Dinkel kauft, wird dem widersprechen. Wer das auch kommuniziert, kann erstaunte, manchmal sprachlose Gäste erleben: «Toll, ich dachte immer, Dinkel schmecke komisch.» Heute sind in Bio-Läden, bei Selbstvermarktern und mit schmalem Sortiment auch bei Grossverteilern viele UrDinkel-Produkte erhältlich.

+ AARGAU +

Fricktaler Schinkenpastete

für eine mittelgrosse Cakeform + 250 g Dinkelweissmehl + 1 TL Backpulver + 250 g Schinken, in Streifchen + 200 g geriebener Gruyère + 4 Eier + 1½ dl Kaffeerahm + 1 EL Senf + 1 TL Salz + frisch geriebene Muskatnuss + Pfeffer aus der Mühle + 125 g flüssige Butter

1 Backofen auf 180 °C vorheizen.
2 Mehl, Backpulver, Schinken und Gruyère in einer Schüssel mischen.
3 Eier, Kaffeerahm und Senf verquirlen, würzen mit Salz, Muskatnuss und Pfeffer, flüssige Butter unterrühren. Eiermasse, unter die Mehlmischung rühren. In die eingefettete Cakeform füllen.
4 Schinkenpastete in der Mitte in den vorgeheizten Ofen schieben und bei 180 °C 60 Minuten backen.

+ AARGAU +

Spinatwähe

für ein Kuchenblech von 28 cm Durchmesser + Mürbeteig 250 g Dinkelweissmehl + ½ TL Salz + 100 g kalte Butterstückchen + ½ dl Weisswein **+ Belag** 2 EL Rapsöl + 1 kleine Zwiebel, klein gewürfelt + 1 Knoblauchzehe, klein gewürfelt + 1 EL Mehl + 800 g kleinblättriger Spinat + 100 g Speckstreifen oder -würfelchen **+ Guss** 2 Eier + 2 dl Rahm + Salz + Pfeffer aus der Mühle + frisch geriebene Muskatnuss

1 Für den Teig Mehl und Salz mischen, Butter mit dem Mehl krümelig reiben, Weisswein zugeben, zu einem Teig zusammenfügen, Teig nicht kneten. Mürbeteig zwischen Klarsichtfolien rund ausrollen und in die eingefettete Form legen, 30 Minuten kühl stellen.
2 Zwiebeln, Knoblauch und Spinat im Rapsöl andünsten, Mehl darüberstreuen und mitdünsten, in einem Sieb abtropfen und erkalten lassen.
3 Backofen auf 230 °C vorheizen.
4 Spinat auf den Teigboden verteilen, mit Speck belegen. Eier und Rahm verquirlen, würzen, Guss über den Spinat giessen.
5 Spinatkuchen auf der untersten Schiene in den Backofen schieben, bei 230 °C 25 bis 30 Minuten backen.

+ AARGAU +

Aargauer Braten mit Dörrzwetschgen

800–1000 g Schweinshals + 100 g Dörrzwetschgen ohne Stein + 2 EL Öl + Salz + Pfeffer aus der Mühle + Paprikapulver + 2 Karotten + ½ kleiner Knollensellerie + 1 kleine Zwiebel, halbiert, mit Lorbeerblatt und Gewürznelken besteckt + 1–2 dl Weisswein + 2–3 dl heisses Wasser + Fleischbouillonpulver

1 Schweinshals mit einem spitzen Messer gleichmässig 2 bis 4 cm tief einschneiden. Zwetschgen in die Einschnitte drücken. Oder den Braten vom Metzger spicken lassen. Aus Öl, Salz, Pfeffer und Paprika eine Marinade rühren, Schweinshals damit einpinseln. Fleisch mindestens 1 Stunde zugedeckt bei Zimmertemperatur marinieren.
2 Karotten und Sellerie schälen, in Stäbchen schneiden.
3 Schweinshals im Brattopf anbraten, Gemüse und besteckte Zwiebel zugeben und andünsten, mit Weisswein ablöschen, Flüssigkeit ein wenig einkochen lassen. Wasser zugeben, aufkochen, mit Fleischbouillonpulver, Salz und Pfeffer nachwürzen, bei schwacher Hitze 90 Minuten schmoren lassen. Den Braten von Zeit zu Zeit wenden und mit der Sauce übergiessen. Braten 10 Minuten auf der ausgeschalteten Herdplatte zugedeckt ruhen lassen.
4 Schweinshals in Scheiben schneiden, mit dem Gemüse und wenig Sauce anrichten.

Tipp Gut zum Braten passen ein Kartoffelgratin und gedünstete grüne Bohnen.

+ AARGAU +

Rüeblitorte

für eine Form von 24 cm Durchmesser + 250 g Zucker + 5 Eigelbe + 1 Prise Salz + ½ unbehandelte Zitrone, abgeriebene Schale und Saft + 1 Prise Nelkenpulver + 1 Msp Zimtpulver + 250 g geschälte, geriebene Karotten (Bircherraffel) + 250 g geriebene Haselnüsse + 60–100 g Dinkelweissmehl + 1 EL Backpulver + 5 Eiweiss + Puderzucker

1 Rand der Springform mit Butter einfetten, Boden mit Backpapier belegen.
2 Zucker, Eigelbe und Salz zu einer luftigen, cremigen Masse aufschlagen, Zitronenschale, Zitronensaft, Gewürze und Rüebli unterrühren.
3 Haselnüsse, Mehl und Backpulver mischen. Eiweiss zu Schnee schlagen.
4 Eischnee und Mehlgemisch lagenweise unter die Eigelbmasse ziehen. In die Form füllen.
5 Rüeblitorte auf der untersten Schiene in den kalten Ofen schieben und bei 180 °C 50 bis 60 Minuten backen, 10 Minuten in der Form ruhen lassen. Ring entfernen, Torte auf eine Platte stürzen, Backpapier entfernen. Auskühlen lassen. Rüeblitorte mit Puderzucker bestäuben.

Tipp Die Rüeblitorte schmeckt am besten, wenn sie 2 bis 3 Tage alt ist. Sie kann auch tiefgekühlt werden.

APPENZELL INNERRHODEN – AUSSERRHODEN

Seit fünf Generationen quellfrisch natürlich aus der Bauerei Locher: das Appenzeller Bier +
Es ist eines der gesündesten und reinsten Lebensmittel überhaupt, das köstliche Getränk aus frischem Wasser, Hopfen, Hefe und würzigem Malz. Neben Milch und Wasser wird wohl nichts so häufig getrunken wie Bier. Schon die Ägypter und die Römer liebten es, obwohl die Brauart sich natürlich seither verändert hat. Viele Mediziner und Naturheilkundler empfehlen das Bier als gesundheitserhaltenden und bekömmlichen Durstlöscher. Es wirkt vor allem bei Verdauungs- und Hautproblemen und bei Herz- und Kreislaufkrankheiten. Dass in unseren Breitengraden der Bierkonsum rückläufig ist, hat wohl etwas mit dem Wohlstand zu tun. An der Qualität kann es nicht liegen, denn mit ihrem Bier haben die Appenzeller den Einheitsgeschmack des Schweizer Biers auf ihre eigene Art reformiert. Hier werden 16 verschiedene Biere gebraut. Ob «Quöllfrisch», «Weizen» oder «Naturperle», die Appenzeller haben ein Bier für jeden Geschmack. Hier ist das Reinheitsgebot Grundlage allen Wirkens: Holzfassbier wird zum Beispiel in alten Eichenfässern gereift. Das Vollmond-Bier gibt es in Bio-Qualität (Knospe zertifiziert). Kreativ sind die Appenzeller Brauer auf jeden Fall. Wo sonst findet man alte Spezialitäten wie das Tessiner Reisbier, das Kastanienbier oder das Hanfblütenbier? Damit spricht die Brauerei Locher Bierliebhaber in aller Welt an. Kein Wunder, dass trotz Zurückhaltung bei den Konsumenten die Marktanteile des Appenzeller Biers wachsen.

+ APPENZELL INNERRHODEN – AUSSERRHODEN +

Appenzeller Quarkfladen

für ein rechteckiges Backblech + 500 g geriebener Teig oder Kuchenteig + 1 kg Rahmquark + 5 Eier + 2 EL Maisstärke + ½ Tasse Zucker + 1 Bio-Zitrone, abgeriebene Schale und Saft + 3 EL Sultaninen

1 Backofen auf 220 °C vorheizen.
2 Kuchenteig auf Blechgrösse ausrollen, in die eingefettete Form legen.
3 Alle Zutaten verrühren, auf den Teigboden verteilen.
4 Quarkfladen in der Mitte in den Ofen schieben und bei 220 °C 10 Minuten backen, Temperatur auf 180 °C zurückschalten, Fladen weitere 30 Minuten backen.

+ APPENZELL INNERRHODEN – AUSSERRHODEN +

Appenzeller Siedwurststrudel

1 rechteckig ausgerollter Blätterteig, 320 g **+ Füllung** 1 grosser Lauch + 120 g Appenzeller EXTRA, klein gewürfelt + 50 g Appenzeller Mostbröckli, klein gewürfelt + 1 Bund Schnittlauch, fein geschnitten + 400 g Appenzeller Siedwurstbrät + 1 Ei **+ zum Bestreuen** 1 EL gehackte Nüsse

1 Grobfasrige Teile beim Lauch entfernen, Stange längs halbieren, Blätter auseinanderlösen, in reichlich Wasser blanchieren, abgiessen und zum Trocknen einzeln auf ein Küchentuch legen.
2 Backofen auf 200 °C vorheizen.
3 Käse, Mostbröckli, Schnittlauch und Siedwurst mischen.
4 Blätterteig auf die Arbeitsfläche legen, Lauchstreifen darauflegen, auf allen Seiten einen Rand freilassen, Siedwurstbrät darauf ausstreichen. Ei verquirlen, Teigränder damit bepinseln. Schmalseiten einschlagen und Strudel längs aufrollen, auf ein mit Backpapier belegtes Blech legen, mit Ei bepinseln und mit Nüssen bestreuen.
5 Appenzeller Siedwurststrudel in der Mitte in den Ofen schieben und bei 200 °C 20 bis 25 Minuten backen.

BASELLANDSCHAFT – BASEL-STADT

Der grösste Kirschgarten der Schweiz. Schon die Blütenpracht zieht im Frühling Tausende ins Baselbiet + Christo und Jeanne-Claude hätten es auch nicht paradiesischer und üppiger arrangieren können. Jeden Frühling verzaubert die schneeweisse Blütenpracht die Kirschbäume und verwandelt die Landschaft, einer Hochzeit gleich, in eine Märchenlandschaft. Ende Mai/Anfang Juni sind die Hochstammbäume und die vielen kleinen Bäume in den neu entstandenen Kulturen üppig mit Früchten behangen, wenn die Befruchtung der Blüten nicht behindert worden ist. Tafelkirschen werden in drei Klassen angeboten: Premium, Extra und Klasse 1. Die Nachfrage nach grossen Kirschen der Klasse Premium hält unvermindert an; sie müssen einen Durchmesser von mindestens 28 mm haben. Zwar ist unbestritten, dass Basellandschaft und Basel-Stadt am meisten Kirschen auf den Markt bringen. Es gibt aber keine Statistik, die nicht auch die Produktionsgebiete Schwarzbubenland (Solothurn) und Fricktal (Aargau) einschliessen würde. Mit den Konserven- und Brennkirschen beläuft sich die Menge pro Saison auf durchschnittlich 3 000 Tonnen. Kirschen haben im Baselbiet Tradition: Schon vor hundert Jahren wurden gemäss amtlichen Dokumenten in Gelterkinden als Sammelstation jeweils rund 1 000 Tonnen verladen. Etwa alle vier Jahre gibt es in Wintersingen das Baselbieter Chriesifescht. Hier wird den Besuchern aus dem In- und Ausland viel Information über die Kirschenkultur geboten, es können neue Kreationen gekostet werden und eine originale Kirschbrennerei ist in Betrieb.

+ BASELLANDSCHAFT – BASEL-STADT +

Laubfrösche

20 grosse Mangoldblätter + 400 g gehacktes Schweinefleisch + 1½ Weggli, klein gewürfelt + 1 grosse Zwiebel, klein gehackt + 1 EL fein gehackte Petersilie + Salz + Pfeffer aus der Mühle + 2 EL Bratbutter + je ½ dl Weisswein und Gemüsebouillon

1. Mangoldblätter in viel Wasser blanchieren, abgiessen und zum Trocknen einzeln auf Küchentücher legen.
2. Backofen auf 200 °C vorheizen.
3. Hackfleisch, Weggli, Zwiebeln und Petersilie gut vermengen, mit Salz und Pfeffer würzen.
4. Hackfleischmasse portionieren, Kugeln formen und diese in die Mangoldblätter einwickeln.
5. In einem Bratgeschirr die Bratbutter im Ofen zergehen lassen, Laubfrösche nebeneinander in die Form legen, mit Salz bestreuen, 30 Minuten braten, häufig mit der Weisswein-Bouillon-Flüssigkeit beträufeln, einmal wenden.

Varianten Rosinen oder fein gewürfelten Knoblauch zum Hackfleisch geben.

+ BASELLANDSCHAFT – BASEL-STADT +

Basler Geschnetzeltes

2 EL Öl + 600 g geschnetzeltes Rindfleisch + 1 mittelgrosse Zwiebel, klein gewürfelt + 1 Knoblauchzehe, klein gewürfelt + 1 EL Tomatenpüree + 1 EL geröstetes Mehl + 3 dl dunkles Bier + Salz + Paprikapulver + Pfeffer aus der Mühle + evtl. Wasser + 4 EL Rahm

1 Fleisch im Öl anbraten, Zwiebeln, Knoblauch und Tomatenpüree mitdünsten, mit dem gerösteten Mehl bestäuben, mit dem Bier ablöschen, 30 Minuten köcheln lassen. Wenn nötig, ein wenig Wasser nachgiessen. Sauce vor dem Servieren mit Rahm binden.

+ BASELLANDSCHAFT – BASEL-STADT +

Kirschenwähe

für eine Form von 28 cm Durchmesser + 1 rund ausgerollter Mürbe- oder Kuchenteig **+ Belag** 50 g geriebene Haselnüsse + 700 g entstielte süsse Kirschen **+ Guss** 2 Eier + 2 dl Rahm + 2 EL feiner Zucker

1 Backofen auf 220 °C vorheizen.
2 Eier, Rahm und Zucker verrühren.
3 Teig in die eingefettete Form legen. Haselnüsse auf den Teigboden streuen. Kirschen darauf verteilen.
4 Kirschenwähe auf der zweituntersten Schiene in den Ofen schieben und bei 220 °C 10 Minuten backen. Guss über die Kirschen giessen, weitere 25 bis 30 Minuten bei 200 °C backen.

Variante Guss mit Sauerrahm, Ziegenfrischkäse, Vanillezucker und einer Prise Zimt zubereiten.

BERN

Ob Gemüse oder Kartoffeln oder Sauerkraut: Bern ist überall Spitzenreiter + Heute isst jeder Schweizer jährlich 80 Kilogramm Frischgemüse. Vor vierzig Jahren waren es 50 Kilogramm. Weil wir weniger Kalorien benötigen, lautet die Devise: mehr Frischkost und weniger Kohlenhydrate. Rund die Hälfte des Gemüses wird in der Schweiz angebaut. Bei den Rüebli/Karotten und den Kartoffeln sind wir fast autark, also Selbstversorger. Den mit Abstand grössten Gemüsegarten hat der Kanton Bern. Mit dem Gemüsepfad im Seeland bringen die Bauern dem urbanen Volk einheimische Produkte näher und tun gleich etwas für die Vermarktung. Das einstige Sumpfland «Grosses Moos» ist heute ein fruchtbares Gemüseanbaugebiet: Sechzig Gemüsearten wachsen da auf mehr als 3000 Hektaren (das entspricht ungefähr 150 mittleren Bauernbetrieben). Jeder vierte Salat oder rund 22% des in der Schweiz produzierten Gemüses kommt von hier, bei den Karotten ist es ein Drittel, bei den Radieschen die Hälfte. Zehn Prozent der Produktion sind in Bio-Qualität (mit wachsendem Anteil). Ausgangspunkte für den Gemüsepfad sind Ins oder Kerzers. Wer nicht mit dem eigenen Stahlross angefahren kommt, kann hier Velos mieten. Auf der roten Route legen die Gemüsepfad-Besucher 40 Kilometer, auf der grünen Route 24 Kilometer zurück. Weil alles perfekt beschildert ist, sind die Hände zum Velofahren frei. Die Wege sind grösstenteils asphaltiert und es gibt Grillstellen und Picknick-Plätze. Der Gemüsepfad «Grosses Moos» ist vom 1. Mai bis Mitte Oktober zugänglich. **www.gemueseschweiz.ch**

+ BERN +

Emmentaler Härdöpfelsuppe

1 EL Öl + 30 g Speckwürfelchen + 50 g Zwiebelwürfelchen + 50 g Lauchwürfelchen + 10 g Knoblauch, klein gewürfelt + 50 g Knollenselleriewürfelchen + 30 g Karottenwürfelchen + 350 g mehligkochende Kartoffeln, in 2 cm grossen Würfeln + 1 l Gemüsebouillon + wenig Majoran + wenig frisch geriebene Muskatnuss + Salz + Pfeffer aus der Mühle + 1 EL Essig + 2 EL Rahm + 100 g geriebener Käse + 100 g geröstete Brotwürfelchen

1 Speck, Zwiebeln, Lauch, Knoblauch, Sellerie und Karotten im Öl andünsten, Kartoffeln zugeben, mit der Gemüsebouillon ablöschen, aufkochen, bei schwacher Hitze 15 Minuten köcheln lassen.

2 Kartoffelsuppe pürieren, wieder erhitzen. Mit Majoran, Muskatnuss, Salz, Pfeffer und Essig abschmecken, mit dem Rahm verfeinern. Brotwürfelchen und Käse separat servieren.

+ BERN +

Rösti «Chrüüzbode-Chlapfhöchi»

für 2 Personen + Bratbutter + 600 g gekochte Schalenkartoffeln, vom Vortag + Salz + Pfeffer aus der Mühle + 100 g Bratspeckscheiben + 1 grosse Zwiebel, gehackt + 100 g rezenter Alpkäse, auf der Röstiraffel gerieben + 2 Eier

1 Backofen auf 180 °C vorheizen.

2 Kartoffeln schälen und auf der Röstiraffel reiben, mit Salz und Pfeffer würzen. Rösti in 2 Portionen braten. Dazu zwei unbeschichtete Bratpfannen ohne Fett sehr heiss werden lassen, von der Wärmequelle nehmen. Die Temperatur auf mittlere Stufe zurückschalten. Reichlich Bratbutter in die Pfannen geben. Kartoffeln auf die Bratpfannen verteilen und zu einem Kuchen zusammenstossen. Rösti braten, Pfanne immer wieder kraftvoll bewegen, damit sie nicht anbrennt. Nun einen flachen und satt in die Röstipfanne passenden Teller umgekehrt in die Pfanne legen und diese mit Schwung drehen. Rösti in die Pfanne gleiten lassen und fertig braten. Im Ofen warm stellen.

3 Speckscheiben in der Röstipfanne kurz anbraten und sternförmig auf die Rösti legen. Die Zwiebeln in der Röstipfanne 3 bis 4 Minuten dünsten, mit Salz und Pfeffer würzen, in der Mitte der Rösti anrichten. Käse darüberstreuen, im Ofen schmelzen lassen.

4 Spiegeleier in der Röstipfanne braten, anrichten.

+ BERN +

Berner Platte

Sauerkraut 1 kg rohes oder gekochtes Sauerkraut + ca. ½ l Wasser + 1 dl vergorener Apfelsaft + 30 g Hühnerbouillonpaste + 2 Knoblauchzehen + 1 kleine Karotte, geschält, klein gewürfelt + wenig Knollensellerie, geschält, klein gewürfelt + 3 Gewürznelken + 1 Lorbeerblatt + 10 Wacholderbeeren + je 1 Prise Rosmarin, Thymian, Majoran, Kümmel + 100 g Speck + **Fleisch** 600 g Siedfleisch vom Rind + 1 Bouquet garni (1 kleine Karotte, wenig Knollensellerie, wenig Lauch, 1 besteckte Zwiebel) + 1 Wädli + 200 g geräucherter Kochspeck + 200 g Bauernschinken + 200 g Berner Zungenwurst + **Beilagen** 600 g festkochende Kartoffeln + gekochte Dörrbohnen

1 Alle Zutaten für das Sauerkraut aufkochen, rohes Sauerkraut 3 Stunden, gekochtes Sauerkraut 40 Minuten bei schwacher Hitze köcheln lassen.
2 Siedfleisch und Bouquet garni mit 2 l Wasser aufkochen, 2 bis 3 Stunden bei schwacher Hitze köcheln lassen, Wädli, Kochspeck, Bauernschinken und Zungenwurst 60 Minuten mitkochen.
3 Kartoffeln schälen und in Würfel schneiden, im Dampf weich garen.

+ BERN +

Butterbretzeli

für 50 Stück + 6 Eier + 200 g Zucker + ½ TL Zimtpulver + 1 TL fein abgeriebene Zitronenschale + 1 Prise Salz + 1 EL Kirsch, nach Belieben + 250 g lauwarme Butter + 500 g Weissmehl + Bratbutter oder Speckschwarte, für das Bretzelieisen

1 Eier und Zucker zu einer hellen, luftigen Masse aufschlagen, Zimtpulver, Zitronenschale, Salz, Kirsch und Butter unterrühren, Mehl nach und nach zugeben. Eine Kugel formen, in Klarsichtfolie einwickeln und bei Zimmertemperatur 2 bis 3 Stunden ruhen lassen.

2 Bretzelieisen mit wenig Bratbutter oder einer Speckschwarte einfetten. Aus dem Teig kleine Kugeln formen, im Bretzelieisen goldgelbe Bretzeli backen.

FREIBURG – FRIBOURG

Gruyère AOC verdrängt den Emmentaler als des Schweizers Käse Nummer 1! + Jahrzehntelang verteidigte der berühmte Emmentaler Käse seine Spitzenstellung im Schweizerland. Im Jahr 2009 hat sich das geändert. Nun produzieren also die Welschen auf ihrem Territorium unseren meistgegessenen Käse. Einen kleinen Schönheitsfehler hat dieser Rekord aber doch: Mit rund 20000 Tonnen wird vom Emmentaler fast doppelt so viel ins Ausland verkauft wie vom Gruyère. Seit mehr als 400 Jahren wird er im gleichnamigen Freiburger Bezirk hergestellt. Die Sortenorganisation Gruyère AOC wirbt mit dem einfachen Slogan: Eine zeitlose Qualität! Der Käse kann mild, mittelreif, rezent oder surchoix (Auslese) gekauft werden. 30000 Tonnen pro Jahr vermögen die Freiburger nicht mehr selbst zu stemmen. Deshalb gehören zum Gruyère-AOC-Gebiet zahlreiche Weiden in den Kantonen Waadt, Neuenburg und Jura. Die Käselaibe bleiben drei Monate im Keller der Käserei, bevor sie von einer Käsereifungsfirma übernommen werden. Sie pflegt den Käse mehrere Monate. Dannbewerten Experten die Laibe: Teigbeschaffenheit, Geschmack und äusseres Aussehen. Wenn nichts beanstandet wird, kann die milde Sorte für den Verkauf freigegeben werden. Jeder Gruyèrelaib trägt ein Gütesiegel und ein Produktionsdatum. So wird Nachahmern das Leben schwer gemacht.

+ FREIBURG – FRIBOURG +

Bergsuppe mit Gruyère

für 6 Personen + 1½ kg festkochende Kartoffeln + 2 mittelgrosse Zwiebeln, klein gewürfelt + 1 l Milch + 2 l Wasser + 200 g kurze Teigwaren (z. B. Hörnli) + 1 Handvoll erntefrischer Spinat + 1 Handvoll Brennnesselspitzen + Salz + 1 dl Rahm + 300 g Gruyère AOC, in Scheiben

1 Kartoffeln schälen und in Würfel schneiden.

2 Kartoffeln und Zwiebeln mit Milch und Wasser aufkochen, etwa 30 Minuten kochen lassen, Teigwaren zugeben und al dente kochen, Spinat und Brennnesseln zugeben, weitere 5 Minuten kochen lassen, mit Salz würzen, Rahm zugeben, nicht mehr kochen.

3 Käsescheiben in vorgewärmte Teller legen, Bergsuppe dazugiessen.

Tipp Ein Stück Speck in der Suppe mitkochen.

+ FREIBURG – FRIBOURG +

Fondue moitié-moitié

für 2 Personen + 200 g Gruyère AOC, höhlengereift + 200 g Freiburger Vacherin aus Rohmilch + 2 dl spritziger Weisswein, z. B. Chasselas/Gutedel + 2 Schalotten, halbiert + 2 Knoblauchzehen, geschält und gequetscht + 5 Abriebe Muskatnuss + frisch gemahlener schwarzer Pfeffer, nach Belieben + 1 EL Maisstärke + 1 Msp Backpulver + 20 ml alter Zuger Kirsch + **Zum Eintauchen** 250 g frisches Weiss- oder Ruchbrot

1 Käse entrinden. Gruyère auf der Röstiraffel in das Caquelon reiben. Freiburger Vacherin in 5 mm grosse Würfelchen schneiden, mit Weisswein, Schalotten, Knoblauch und Gewürzen im Caquelon mischen.
2 Maisstärke und Backpulver mit Kirsch glatt rühren.
3 Das Brot in mundgerechte Würfel schneiden.
4 Die marinierte Käsemischung bei mittlerer Hitze unter ständigem Rühren schmelzen, Kirsch-Gemisch unterrühren, das Fondue nochmals erhitzen.
5 Das Caquelon auf das angezündete Rechaud stellen, Fondue am Kochpunkt halten, immer wieder rühren.

Variante Würfelchen von eingemachten Birnen und frische Apfelstückchen eintauchen.

+ FREIBURG – FRIBOURG +

Vully-Kuchen

für 4 Kuchen + Hefeteig 1 kg Weissmehl + 1 grosse Prise Salz + 25 g Hefe + 8 dl Milch + 70 g Butter + 15 g Schweineschmalz + 1 Ei, verquirlt **+ Belag** 1½ dl Rahm + 1 Eigelb + 150 g Butter + 400 g Hagelzucker

1 Hefe in wenig Milch auflösen. Restliche Milch erwärmen, 3 dl entnehmen und die Butter darin schmelzen.

2 Mehl und Salz in einer Teigschüssel mischen, eine Vertiefung drücken, Hefe und Milchbutter zugeben, mit dem Mehl vermengen, nach und nach Milch, Schweineschmalz und Ei einkneten, alles zu einem glatten Teig kneten. Teig auf ein eingefettetes Kuchenblech verteilen, mit einem Tuch zudecken, bei Zimmertemperatur 1 Stunden gehen lassen.

3 Backofen auf 300 °C vorheizen.

4 Hefeteig nochmals leicht kneten, in 4 Portionen teilen und 1 cm dick ausrollen, in eingefettete runde Bleche legen. Teigrand mit einer Gabel einstechen, mit den Fingern Löcher in den Teig drücken. Rahm und Eigelb verquirlen, auf die vier Teigrondellen verteilen. Butterstückchen in die Vertiefungen füllen, Rondellen mit dem Hagelzucker bestreuen.

5 Vully-Kuchen in der Mitte in den Ofen schieben und bei 300 °C 8 bis 10 Minuten backen.

GENÈVE – GENF

Genf einmal anders. Statt Finanzen, Luxusgüter, Biotech und UNO ein geschütztes Gemüse: Cardon épineux – Kardy AOC + In Genf wird seit 1685 Kardy angebaut. Eigentlich eine essbare Distel. Wegen des Edikts von Nantes flüchteten viele Protestanten (Hugenotten) in die Calvin-Stadt, wo sie sich im Quartier Plainpalais niederliessen. Sie verstanden sich auf den Gemüseanbau und züchteten aus dem mitgebrachten Samen den «Cardon argenté de Plainpalais». Der Kardyanbau hat also eine 300-jährige Tradition, und es verwundert deshalb nicht, dass die Genfer Gemüsebauern Kardy mit AOC schützen liessen. Aussaat und Anpflanzung erfolgen im Einklang mit der Vegetation im Frühjahr. Besondere Schutzmassnahmen benötigt die Pflanze nicht. Sowohl Ernte wie auch Verarbeitung sind sehr anspruchsvoll, da Kardy zahlreiche Dornen aufweist. Weil das Gemüse gerne bitter schmeckt, wird es gebleicht (unter Folie gelegt). Frisch gelangt das Blattstielgemüse Anfang November in den Handel. Das Rüsten der stacheligen Pflanze ist aufwändig, weil ungeniessbare oder grüne Blattrippen entfernt werden müssen. Das mit der Artischocke verwandte Gemüse hat einen leicht bitteren, nussigen Geschmack. Die Genfer geniessen «ihr» Gemüse vorwiegend in der Zeit des Spätherbstes. Bekannt sind die Gerichte «Kardy-Gratin» oder «Geflügel mit Kardy», das als traditionelle Weihnachtsspezialität gilt. Weil gesamthaft nur rund 75 Tonnen produziert werden, müssen die Hunde und Gänse keine TV-Werbung dafür machen.

+ GENÈVE – GENF +

Schweinsragout

für 4 bis 6 Personen + 7 dl Rotwein + 8 Wacholderbeeren + 1 Karotte + 1 Pfälzerrübe + wenig Knollensellerie + je 1 Zweiglein Thymian und Rosmarin + 800 g Schweinsragout + 1 Schweinsfuss + Bratbutter + Salz + Pfeffer aus der Mühle + 60 g kalte Butterstückchen + 3 EL Marc oder Cognac **+ Garnitur** wenig Butter + 200 g Perlzwiebeln, blanchiert, aus der Schale gedrückt + 100 g Bratspeckscheiben

1 Gemüse schälen und in Würfelchen schneiden. Rotwein, Wacholderbeeren, Gemüse, Kräuter, Ragout und Schweinsfuss in eine Schüssel geben, mit Klarsichtfolie verschliessen. Im Kühlschrank 2 Tage marinieren.
2 Fleisch gut abtropfen lassen, in der heissen Bratbutter kräftig anbraten, würzen. Gemüse aus der Marinade nehmen und mitdünsten, mit der Rotweinmarinade ablöschen, 1 Stunde zugedeckt schmoren lassen. Nun Deckel entfernen und die Sauce auf ein Viertel einkochen lassen. Fleisch aus der Sauce nehmen und warm stellen. Sauce passieren. Vor dem Servieren kalte Butterstückchen unter die heisse Sauce rühren, Fleisch und Gemüse zugeben, mit Marc abschmecken.
3 Perlzwiebeln in der mässig warmen Butter glasieren, zugedeckt knapp weich garen.
4 Speckscheiben in einer Bratpfanne ohne Fett knusprig braten.
5 Schweinsragout anrichten, mit Perlzwiebelchen und Speck garnieren.

+ GENÈVE – GENF +

Käsebeignets

300 g Gruyère + 1 dl Weisswein + Pfeffer aus der Mühle + 2 EL Weissmehl **+ Teig** 150 g Weissmehl + 2 dl Weisswein oder Milch + 2 Msp Salz + 1 EL Öl + 2 Eiweiss **+** Öl, zum Backen

1. Gruyère in 1 cm dicke und 5 cm lange Stängelchen schneiden. In eine Schüssel legen und mit dem Weisswein beträufeln. Mit Pfeffer würzen. 1 bis 2 Stunden marinieren.
2. Mehl, Weisswein und Salz zu einem glatten, dünnen Teig rühren. Zugedeckt 1 Stunde quellen lassen. Das Öl unterrühren. Das Eiweiss zu Schnee schlagen und unterziehen.
3. Käsestängelchen abtropfen lassen, im Mehl wenden.
4. Öl auf 190 °C erhitzen.
5. Käsestängelchen durch den Teig ziehen und im Öl 2 bis 3 Minuten goldgelb backen. Sofort servieren.

GLARUS

Der älteste Markenartikel der Schweiz feiert 2013 seinen 550. Geburtstag: Glarner Schabziger! + Entweder man liebt den Schabziger, oder man kann ihn nicht riechen. Das erfolgreiche Glarner Exportprodukt hat eine lange Tradition. Genau genommen ist er doppelt so alt, wie er jetzt gefeiert wird. Vom achten Jahrhundert an bis ins Jahr 1395 gehörte das Glarnerland zu den Besitztümern des Klosters Säckingen. Die Glarner taten ihre Schuldigkeit mit Abgaben, zu denen auch der weisse Magerkäse gehörte. Der war den Stiftsdamen in Säckingen offenbar zu fade, weshalb sie ihn mit Hornklee würzten, einem stark duftenden Kraut aus dem Klostergarten. So unspektakulär war die Geburt des Schabzigers. Bis weit ins letzte Jahrhundert hinein gab es im Kanton Glarus fast in jedem Dorf eine «Zigerribi», die den relativ festen grünlichen Reibkäse herstellte. Mit der Geska AG, einer Produktions- und Vertriebsfirma für Schabziger, hat der «älteste Glarner» eine gesicherte Zukunft bekommen. Am uralten Rezept hat sich zwar kaum etwas verändert, doch was früher mühsame Handarbeit war, erledigen jetzt die technologisch raffinierten Anlagen im modernen Betrieb. Neben den Mitarbeitern sind rund 900 Glarner Kühe damit beschäftigt, für Nachschub zu sorgen. Sie liefern über 4,5 Mio. Kilogramm frische Milch. Daraus können 340 Tonnen Ziger hergestellt werden, der zu unterschiedlichen Produkten verarbeitet wird. Ein Drittel davon wird in alle Welt geliefert. Hauptabnehmer im Export sind Deutschland und Holland. Glarner Schabziger kann in der Schweiz bei allen Grossverteilern gekauft werden.

+ GLARUS +

Älplermagronen

600 g festkochende Kartoffeln + 250 g Magronen (Makkaroni) oder Hörnli + 150 g würziger Alpkäse, grob gerieben (Röstiraffel) + 100 g Glarner Schabziger, fein gerieben (Bircherraffel) + 1 dl Rahm + Salz + Pfeffer aus der Mühle + wenig Muskatnuss **+ Zwiebelschwitze** 2 grosse Zwiebeln + 1–2 EL Mehl + Bratbutter

1 Kartoffeln schälen und in Würfelchen schneiden.

2 Kartoffeln und Magronen in viel Salzwasser al dente kochen. Kartoffeln und Magronen unter Einstreuen des Alpkäses in eine vorgewärmte Schüssel füllen. Im vorgeheizten Ofen bei 100 °C warm stellen. Rahm und Schabziger erhitzen, über die Älplermagronen verteilen. Warm stellen.

3 Zwiebeln in feine Ringe schneiden und im Mehl wenden, in der heissen Bratbutter braten. Über die Älplermagronen verteilen. Sofort servieren.

Tipp Mit einem Kompott aus Äpfeln, Birnen oder Quitten servieren. Oder mit Apfelmus oder Salat servieren.

+ GLARUS +

Schabzigerpralinen im Nussmantel mit Birnenchutney

+ Schabzigerpralinen 50 g geriebener Glarner Schabziger + 1 EL Rahm + 200 g Doppelrahmfrischkäse + 1 TL weisser Balsamico + 1 TL Portwein + 1 TL Gin + 1–2 EL Baumnussöl + 50 g gehackte Baumnüsse **+ Birnenchutney** 80 g Rohrohrzucker + 3 dl Apfelsaft + ½ dl Apfelessig + 10 zerdrückte Korianderkörner + 2 Kardamomsamen + 1 cm Zimtstange + 1 Chilischote, entkernt, klein gewürfelt (Brunoise) + 40 g Ingwer, geschält, klein gewürfelt (Brunoise) + 1 EL Akazienhonig + 600 g reife Birnen, geschält, entkernt, in 5 mm grossen Würfelchen (Schalen und Kerngehäuse aufbewahren)

1 Für das Birnenchutney Rohrohrzucker leicht karamellisieren, mit Apfelsaft und Apfelessig ablöschen, Schalen und Kerngehäuse der Birnen, Koriander, Kardamom und Zimt zugeben und auf die Hälfte einkochen lassen. Durch ein feines Sieb passieren.

2 Birnensirup, Birnen, Chili und Ingwer bei schwacher Hitze 5 Minuten kochen, Akazienhonig unterrühren, abschmecken mit Salz und Pfeffer.

3 Für die Pralinen Schabziger, Rahm und Doppelrahmfrischkäse gut verrühren, weissen Balsamico, Portwein, Gin und Baumnussöl unterrühren. Mit angefeuchteten Händen kleine Kugeln formen, in den Nüssen drehen. Pralinen mindestens eine Stunde kühl stellen.

GRAUBÜNDEN

Bündnerfleisch: luftgetrocknete Spezialität mit unwiderstehlichem Aroma + Johann Gottfried Ebel, ein deutscher Reiseschriftsteller, hat das Bündnerfleisch zwar nicht erfunden, aber in einem 1793 erschienenen Buch treffend beschrieben: «Die Luft ist so trocken, dass im Winter alles Fleisch nicht im Rauch, sondern an der Luft gedörrt wird.» Die Bevölkerung in den Bündner Tälern war darauf angewiesen, für die harten Wintermonate Vorräte anzulegen. So wurde nach dem Alpabzug ein Teil des Viehs geschlachtet. Sinnvoll war es, ältere Tiere dafür auszuwählen, deren Milchleistung nicht mehr so gross war. Noch heute wird teilweise Kuh- statt Rindfleisch für die Produktion eingesetzt. Das Fleisch ist fest, aber fein und regelmässig durchzogen. Heute werden in der Regel die mageren Muskelstücke des Stotzens von Rindern für die Herstellung verwendet. Sie werden mit einer Salz-Pökel-Gewürz-Mischung eingerieben, die neben Pfeffer auch Knoblauch, Ingwer, Wacholder oder Lorbeer enthält. Die Zusammensetzung ist wie beim Appenzeller Käse streng geheim. Die Pökelung wird heute nach verschiedenen Techniken ausgeführt, eine Wissenschaft für sich. Die Fleischstücke werden in einer Art Strumpf oder Netz aufgehängt und bei 1–10 °C angetrocknet. Die eigentliche Trocknung an der frischen Bergluft (oder bei grossen Herstellern in klimatisierten Räumen) dauert je nach Grösse der Stücke 3 bis 6 Monate. Das Fleisch verliert dabei rund die Hälfte seines Gewichts. Die Schweizer essen etwa die Hälfte (ca. 1200 Tonnen) des köstlichen Fleisches, die andere Hälfte wird exportiert.

+ GRAUBÜNDEN +

Bündner Gerstensuppe

1 EL Butter + 10 g Zwiebeln + 30 g Lauch + 20 g Karotten + 15 g Knollensellerie + 20 g Rohschinken + 20 g Bündnerfleisch + 90 g Rollgerste + 1,6 l Gemüsebrühe + Salz + frisch gemahlener Pfeffer + frisch geriebene Muskatnuss + 1½ dl Rahm + 1½ dl Schlagrahm + 1 Bund Schnittlauch, fein geschnitten

1 Gemüse, Rohschinken und Bündnerfleisch in Würfelchen (Brunoise) schneiden.

2 Gemüse, Fleisch und Gerste in der Butter andünsten, mit der Gemüsebrühe auffüllen, aufkochen, Gerstensuppe bei schwacher Hitze 1 Stunde köcheln lassen. Je nach Konsistenz mit Wasser verdünnen. Rahm unterrühren, nochmals köcheln lassen. Die Gerstensuppe mit Salz, Pfeffer und Muskatnuss abrunden. Schlagrahm unterziehen. Mit Schnittlauch garnieren. Sofort servieren.

+ GRAUBÜNDEN +

Maluns

800 g Kartoffeln + 1 Ei + 300 g Weissmehl + 1 Prise Salz + 1 Msp frisch geriebene Muskatnuss + 250 g Butter

1 Kartoffeln am Vortag in der Schale (Gschwellti) kochen.
2 Kartoffeln schälen und auf der Röstiraffel reiben. Ei, Mehl, Salz und Muskatnuss mit den Kartoffeln vermengen.
3 Die Kartoffeln in zwei Portionen in einer Bratpfanne bei mittlerer Hitze braten, kräftig rühren, immer wieder ein wenig Butter zufügen. Bratzeit: 30 bis 40 Minuten.

+ GRAUBÜNDEN +

Plain in Pigna – Speckrösti aus dem Ofen

600 g festkochende Kartoffeln + 100 g geräucherter Speck, klein gewürfelt + 2 EL grobkörniger Mais (für Polenta) + 1 dl Rahm + 1 Zweig Majoran + Salz + frisch geriebene Muskatnuss + Pfeffer aus der Mühle + Butter, für die Form

1 Backofen auf 200 °C vorheizen. Eine Gratinform mit Butter einfetten.
2 Kartoffeln roh schälen und auf der Röstiraffel reiben.
3 Kartoffeln, Speck, Mais, Rahm sowie abgezupfte Majoranblättchen vermengen, mit Salz, Muskatnuss und Pfeffer würzen, in die Gratinform verteilen.
4 Plain in Pigna in der Mitte in den vorgeheizten Ofen schieben und bei 180 °C 1 Stunde backen, bis das Gericht goldbraun und knusprig ist.

Tipp Mit reifem Alpkäse und Weisskabisalat servieren.

+ GRAUBÜNDEN +

Engadiner Nusstorte

für eine runde Form von 26 cm Durchmesser + **Mürbeteig** 150 g weiche Butter + 100 g Zucker + 1 Ei + ½ Eigelb + 1 unbehandelte Zitrone, fein abgeriebene Schale + 375 g Weissmehl + **Füllung** 2½ dl Rahm + 25 g Waldhonig + 250 g Zucker + 250 g Baumnüsse + 1 Eigelb

1 Für den Teig Butter, Zucker, Ei, Eigelb und Zitronenschale verrühren. Mehl zugeben und das Ganze zu einem glatten Teig zusammenfügen. Nicht kneten. Teig in Klarsichtfolie einwickeln und 30 bis 60 Minuten kühl stellen.

2 Für die Füllung den Rahm erwärmen, Honig zugeben. Zucker hellbraun karamellisieren, mit dem Rahm ablöschen, Karamell eindicken lassen. Baumnüsse unterrühren.

3 Formboden mit Backpapier belegen, Rand mit Butter einfetten. Teig in drei Portionen teilen. Eine Teigportion auf dem Boden ausrollen. Zweite Portion zu einer Rolle drehen und an die Wand legen, 3 cm hoch formen. Halbwarme Füllung auf dem Teigboden verteilen. Restlichen Teig für den Deckel auf die Grösse der Form ausrollen, mit einer Gabel mehrmals einstechen. Den Teigdeckel auf die Nussmasse legen und 1 cm breit mit Eigelb bepinseln, Teigrand darüberlegen und andrücken. Deckel mit Eigelb bepinseln.

4 Engadiner Nusstorte in der Mitte in den auf 200 °C vorgeheizten Ofen schieben und 30 Minuten backen.

JURA

Ein himmlisches gebranntes Wasser aus einer paradiesischen Frucht: Damassine AOC + Und so schützen die Jurassier ihre kleine rote Pflaume, die nach der Reifung einen unverwechselbaren, besonderen Geschmack hat: Produktion, Lagerung, Gärung, Destillation und Abfüllung von Damassine müssen ausschliesslich innerhalb der Grenzen der Republik und des Kantons Jura erfolgen. Die Pflaumensorte wurde von den Römern im 13. Jahrhundert vom Nahen Osten nach Europa gebracht, so wird vermutet. «Damassin» könnte aber auch vom syrischen Damaskus abgeleitet sein. Geerntet werden die roten Pflaumen vom Sommer bis Ende September. Die reifen Früchte fallen von den Bäumen und werden täglich aufgelesen. So bestimmt die Natur, wann das Aroma perfekt ist. Nach der Sortierung werden die ganzen Früchte (das Maischen ist verboten) in Fässer gefüllt und bei 15 bis 20 °C gelagert. Nach der alkoholischen Gärung werden die Gebinde mit vergorenem Damassin-Fruchtfleisch aufgefüllt und dicht verschlossen. Spätestens bis Silvester im jeweiligen Erntejahres muss die Destillation erfolgen. Der Alkoholgehalt wird mit destilliertem oder entmineralisiertem Wasser auf 40 Volumenprozente heruntergefahren. Damassine AOC wird dann 6 bis 10 Monate gelagert. Es ist ein eisernes Gesetz, dass er nicht vor dem Martinstag, dem 11. November, vermarktet werden darf. Daniel Fleury und Alain Perret, deren Obstgärten in der Ajoie (Cornol-Frégiecourt) stehen, sind die bekanntesten jurassischen Destillateure. Das berühmte Wasser hat seinen Preis: 500 ml Damassine AOC kostet rund 45 Franken.

+ JURA +

Salziger Rahmkuchen nach jurassischer Art

für ein Kuchenblech von 24 cm Durchmesser + Teig 250 g Weissmehl + 1 TL Salz + 80 g Butterstückchen + 20 g Hefe + 2 dl Milch + 1 EL Kirsch **+ Guss** 1 Ei + 1 Eigelb + 2 dl Doppelrahm + 1 Msp Safranpulver

1 Für den Teig Mehl und Salz in einer Schüssel mischen, eine Vertiefung drücken. Butterstückchen zum Mehl geben. Hefe und 2 EL Milch in die Vertiefung geben und verrühren, mit ein wenig Mehl vom Rand zu einem dickflüssigen Teiglein rühren. Rund 30 Minuten gehen lassen. Restliche Milch und Kirsch dazugeben, alles zu einem Teig zusammenfügen, kneten, bis er weich und elastisch ist. Teig auf Blechgrösse ausrollen, in das eingefettete Blech legen. 45 Minuten zugedeckt gehen lassen.
2 Backofen auf 220 °C vorheizen.
3 Guss zubereiten und auf den Teigboden giessen.
4 Rahmkuchen auf der zweituntersten Schiene in den vorgeheizten Ofen schieben und bei 220 °C 30 Minuten backen. Aus der Form nehmen. Auskühlen lassen.

Tipp Passt wunderbar zum Aperitif. Oder dem Guss Zucker beigeben und den Rahmkuchen als süsses Gebäck servieren.

+ JURA +

Kaninchen mit Steinpilzen

3 EL Öl + 1½ kg Kaninchen, vom Metzger portioniert + 3 Knoblauchzehen, fein gewürfelt + 4 Rosmarinzweiglein + 2½ dl Weisswein + 2 dl Kalbsfond + 100 g in Salzlake eingelegte schwarze Oliven + 2 Lorbeerblätter + 200 g Steinpilze + 20 g Butter + Salz + einige Zweiglein glattblättrige Petersilie

1 Kaninchenfleisch in wenig Öl portionsweise anbraten, alles Fleisch wieder in den Brattopf geben, Knoblauch und 2 Rosmarinzweiglein zugeben, mit Weisswein und Kalbsfond ablöschen, schwarze Oliven und Lorbeerblätter zugeben, mit Pfeffer würzen, zugedeckt rund 40 Minuten schmoren lassen.

2 Steinpilze putzen und in breite Streifen schneiden, in der Butter und im restlichen Öl braten, zum Fleisch geben, kurz köcheln lassen. Mit abgezupfter Petersilie garnieren.

Tipp Zum Kaninchen passen breite Nudeln und Kartoffelstock.

LUZERN

Mindestens zwei Jahre Reifung braucht der Sbrinz AOC bis zum vollkommenen Käsegenuss + Sbrinz, der Extraharte, ist anders als alle anderen Käse. Ganz anders. Im Blindtest werden ihn die Käseconnaisseurs nach einer Sekunde bestimmen, was doch bei den vielen im Geschmack nahe beieinanderliegenden Halbhartkäsen nicht möglich wäre. Der vollfette, vollmundig und leicht salzig wirkende Käse aus Rohmilch wird in Laiben von 25–40 Kilo hergestellt. Weil er blind ist (er hat keine Löcher) und leicht spröde, eignet er sich hervorragend zum Reiben. Es ist ja kein Geheimnis, dass er perfekt als Schweizer Alternative zu einem norditalienischen Reibkäse taugt, mehr noch, diesen in mancherlei Hinsicht übertrifft. Die Wurzeln gehen ins 16. Jahrhundert zurück und sein Name, der immer wieder mit Brienz in Verbindung gebracht wird, würde einen Oberländer Käse vermuten lassen (Brienz war wohl Umschlagort für die Säumer, die den Käse nach Italien transportierten). Sbrinz ist wohl der Innerschweizer Käse schlechthin. Ausgewählte Alp- und Talkäsereien der Kantone Luzern, Ob- und Nidwalden, Schwyz und Zug arbeiten nach strengen Richtlinien für ein 100% natürliches, qualitativ hochstehendes Produkt. Sbrinz ist in Spezialgeschäften und bei den Grossverteilern in drei Varianten erhältlich: gerieben, gehobelt als Rollen oder in «Möckli» gebrochen. Am beliebtesten ist der Reibkäse, die beiden anderen Sbrinz-Produkte gewinnen weiter Marktanteile. Sie eignen sich hervorragend für Apéros und Fingerfood-Buffets. Selbstverständlich kann Sbrinz auch «am Stück» gekauft werden.

+ LUZERN +

Chässchnitte nach Chäserart

für 1 Person + 2 Scheiben Bauern- oder Ruchbrot + 1 dl Weisswein + 1 Knoblauchzehe + 100 g frische Käsefonduemischung oder grob geriebener Alpkäse aus der Region + Paprikapulver oder wenig grob gemahlener Pfeffer

1 Backofen auf 230 °C vorheizen.
2 Brotscheiben auf ein Backblech legen, mit Weisswein beträufeln, durchgepressten Knoblauch darauf verstreichen, Käsefonduemischung darauf verteilen, mit Paprika und Pfeffer würzen.
3 Backblech in der Mitte in den Ofen schieben, Käseschnitten backen, bis der Käse geschmolzen ist, etwa 8 Minuten.

Tipp Mit viel Salat und einem Glas Weiss- oder Rotwein servieren. Eine einfache, sättigende Mahlzeit, nach Art der Hirten.

+ LUZERN +

Luzerner Chügelipastetli

8 Blätterteigpastetchen + **weisse Sauce** 60 g Butter + 60 g Zwiebeln, klein gewürfelt + 1 Knoblauchzehe, klein gewürfelt + 2 EL fein gehackte Petersilie + ½ unbehandelte Zitrone, abgeriebene Schale + 40 g Weissmehl + 2 dl Weisswein + 3 dl Gemüsebrühe + Salz + Pfeffer aus der Mühle + **Brätchügeli** je 100 g Kalbs- und Schweinsbrät + 1 Msp Majoranpulver + 3 dl Gemüsebrühe + 50 g Butter + je 200 g Schweins- und Kalbfleisch, klein gewürfelt + 50 g Zwiebeln, klein gewürfelt + 1 dl Rotwein + 1 Apfel + 100 g Champignons, in feinen Scheiben + Salz + Pfeffer aus der Mühle + Muskatnuss + 2 dl Rahm

1 Für die weisse Sauce Zwiebeln, Knoblauch, Petersilie und Zitronenschale in der Butter andünsten, Mehl darüberstäuben und mitdünsten, mit Weisswein und Gemüsebrühe ablöschen, 10 Minuten köcheln lassen, mit Salz und Pfeffer abschmecken.
2 Für die Brätchügeli das Brät mit Majoran würzen, Kügelchen formen, in der Gemüsebrühe 10 Minuten ziehen lassen. Mit dem Schaumlöffel herausnehmen.
3 Fleischwürfelchen in der Butter anbraten, Zwiebeln mitdünsten, mit Rotwein ablöschen, 10 Minuten köcheln lassen. Apfel mit Schale auf der Bircherraffel dazureiben, Champignons zugeben, würzen, Rahm beifügen, etwa 30 Minuten köcheln lassen. Brätchügeli und Sauce zugeben, erhitzen.
4 Pastetchen bei 160 °C erwärmen.
5 Füllung in die Pastetchen füllen.

+ LUZERN +

Balchenfilets mit Zitronen-Tomaten-Würfelchen

2–3 EL Butter + 600 g Balchen- oder Felchenfilets + Salz + Pfeffer aus der Mühle + 2 EL Butter + 2 Zitronen + 4 Fleischtomaten + 1 dl Weisswein + ½ Bund gehackte glattblättrige Petersilie

1 Fischfilets mit Salz und Pfeffer würzen.
2 Tomaten schälen, Stielansatz ausstechen, Tomaten vierteln und entkernen, Tomatenfleisch in Würfelchen schneiden. Zitronen mit dem Sparschäler grosszügig schälen, weisse Haut auch entfernen, Zitrusfrüchte würfeln, Kerne entfernen.
3 Zitronen und Tomaten in der nicht zu heissen Butter andünsten, mit Weisswein ablöschen, mit Salz und Pfeffer würzen, Petersilie unterrühren.
4 Fischfilets in einer Bratpfanne in der Butter beidseitig kurz braten. Auf dem Zitronen-Tomaten-Gemüse anrichten. Mit grobem Pfeffer bestreuen.

NEUCHÂTEL – NEUENBURG

Sind die Romands ein Volk von Wurstessern? Die Saucisson und die Saucisse neuchâteloise AOC bestätigen jedenfalls die Regel + Die Geschichte der Neuenburger Wurst und der Neuenburger Bratwurst ist wohl ähnlich derjenigen in den anderen Westschweizer Kantonen. Leider sind nur wenige Dokumente dazu im Kanton vorhanden. Weil die beiden Würste in alten Rezepten immer wieder auftauchen, kann angenommen werden, dass sie schon von den Metzgerdynastien im 19. Jahrhundert hergestellt wurden. Im Unterschied zur normalen Neuenburger Wurst wird die Bratwurst zwar aus den gleichen Inhaltsstoffen hergestellt, im Unterschied zu dieser aber wie eine Schnecke gerollt. Neuenburger Würste bestehen aus zwei Dritteln magerem Schweinefleisch und einem Drittel Speck. Die einzigen erlaubten Zusatzstoffe sind Knoblauch, Pfeffer und Pökelsalz. Abgefüllt wird die Wurstmasse in Rinderdärme, anschliessend werden die Würste 12 Stunden bei Raumtemperatur aufgehängt und kalt geräuchert (max. 25 Grad). Für den Rauch wird nur Nadelholz verwendet, was den Würsten einen besonderen Geschmack gibt. Die Wurst kann warm oder kalt gegessen werden, muss aber vor dem Verzehr 30 bis 40 Minuten in warmem (nicht kochendem) Wasser pochiert werden. Viele Rezepte in der Romandie empfehlen zu Gemüse, Kartoffeln oder Brot eine Saucisson. Wer eine Neuenburger Wurst kaufen will, muss sich wohl dorthin bewegen. Obwohl die Jahresproduktion fast 200 Tonnen beträgt, ist sie ausserhalb des Kantons nur selten zu finden.

+ NEUCHÂTEL – NEUENBURG +

Neuenburger Gemüsegratin

für eine grosse Gratinform + 2 EL Butter + 1 mittelgrosse Zwiebel, klein gewürfelt + 200 g Lauch + 1 Knoblauchzehe, klein gewürfelt + 300 g Spinat, blanchiert, gut ausgepresst + 150 g Gruyère, gerieben + 2 Karotten + 2 dl Gemüsebrühe + 2 dl Rahm + Salz + Pfeffer aus der Mühle + frisch geriebene Muskatnuss + 500 g festkochende Kartoffeln + Butterflocken + 80 g Tête de Moine, in Röschen

1. Beim Lauch grobfasrige Teile entfernen, Stängel in 2 cm lange Stücke schneiden. Karotten schälen, in zündholzlange und doppelt so dicke Stäbchen schneiden. Kartoffeln schälen, in feine Scheiben schneiden.
2. Zwiebeln, Lauch und Knoblauch in der Butter gut andünsten, in die eingefettete Gratinform verteilen. Spinat und Karotten darauf verteilen, 100 g Gruyère darüberstreuen und mit Kartoffelscheiben belegen.
3. Backofen auf 180 °C vorheizen.
4. Gemüsebrühe und Rahm erhitzen, würzen, über das Gratin giessen. Restlichen Gruyère darüberstreuen, mit Butterflocken belegen.
5. Gemüsegratin in der Mitte in den vorgeheizten Ofen schieben und bei 180 °C 45 Minuten backen. Ganz am Schluss Tête-de-Moine-Röschen daraufsetzen, nochmals kurz in den Ofen schieben.

+ NEUCHÂTEL – NEUENBURG +

Kutteln Neuenburgerart

600 g Kutteln am Stück, vorgekocht **+ Brühe** 4 dl Weisswein + 2 dl Gemüsebrühe + 1 kleine, halbierte Zwiebel, mit Lorbeerblatt und Gewürznelke besteckt + 1 Karotte + 1 kleiner Lauch + wenig Knollensellerie + 5 Pfefferkörner + Salz + Majoran + Thymian **+ Vinaigrette** 2 EL Weissweinessig + 1 EL scharfer Senf + 5 EL Olivenöl + Salz + Pfeffer aus der Mühle + 2 EL gehackte Kräuter: Petersilie, Rosmarinnadeln, Thymian und Majoran + 2 Cornichons + 1 TL Kapern + 1 kleine Zwiebel **+** 600 g festkochende Kartoffeln

1. Kutteln in Streifen schneiden.
2. Alle Zutaten für die Brühe erhitzen, Kutteln zugeben, bei schwacher Hitze 1 Stunde garziehen lassen.
3. Kartoffeln in der Schale weich garen.
4. Für die Vinaigrette Essig, Senf und Olivenöl verrühren, würzen. Cornichons, Kapern und Zwiebeln fein hacken und zugeben.

Serviervorschlag Kutteltopf auf den Tisch stellen. Kartoffeln und Vinaigrette separat servieren.

SCHAFFHAUSEN

Die Schaffhauser können gut reden. Hier erfahren Sie, ob die bekannteste Spezialität den Namen diesem Umstand verdankt + Dass die Einwohner im nördlichsten Zopf der Schweiz Zwiebeln in Form von Bölletünne (Wähe/Kuchen) und Bölletunke (Sauce zu Kartoffeln) mögen, gehört zum Allgemeinwissen. Zusammen mit dem Munot und der köstlichen Nascherei «Schaffhauserzunge» gehören sie zur Stadt wie das Amen zur Kirche. Im «Kulinarischen Erbe», einer Datenbank über traditionelle Lebensmittel der Schweiz, heisst es: «Mit Schaffhauserzungen sind nicht vorlaute Munotstädter gemeint, sondern ein zartes Haselnuss-Mandel-Gebäck mit Buttercremefüllung, das ganz ohne Mehl auskommt und seit 120 Jahren der süsse Stolz der Einheimischen ist.» Der Erfinder, Jean Reber, gebürtiger Sempacher, suchte nach langen Wanderjahren einen Standort für eine eigene Konditorei. Die fand er in der Schaffhauser Altstadt, wo er hartes Brot essen musste, weil die bürgerlichen Leute nichts von diesem Fremden kaufen wollten. Aus einer verunglückten «Bödelimasse» wurde ein Jahrhunderthit; gebacken war sie eine Delikatesse. Das als «Dora» bezeichnete Gebäck taufte er schon bald in «Schaffhauserzunge» um und es gingen 1896 pro Tag ungefähr 12 Stück zu 10 Rappen über den Ladentisch. Die «Schaffhauserzunge» ist eine geschützte Marke. Sie wird heute von den Nachfolgern Lis & Laurent Perriraz zu Tausenden in der Woche hergestellt. Nachahmer gibt es viele, die ihre Plagiate meist «Züngli» nennen.

+ SCHAFFHAUSEN +

Schaffhauser Rieslingsuppe

30 g Butter + 1 mittelgrosse Zwiebel + 1 kleiner Lauch + 60 g Knollensellerie + 40 g Weissmehl + 1,2 l Hühnerbrühe + 3 dl Riesling-Silvaner + 2 dl Rahm + Schlagrahm, für die Garnitur + Schnittlauch, für die Garnitur

1 Zwiebel klein würfeln, Lauch in feine Ringe schneiden, Sellerie schälen und in Würfelchen schneiden.
2 Gemüse in der Butter andünsten, mit Mehl bestäuben und kurz weiterdünsten, mit Hühnerbrühe ablöschen, 10 Minuten köcheln lassen. Suppe fein pürieren. Weisswein und Rahm unter die Suppe rühren, kurz köcheln lassen.
3 Rieslingsuppe anrichten, einen Esslöffel Schlagrahm daraufgeben, mit Schnittlauch garnieren.

+ SCHAFFHAUSEN +

Schaffhauser Zwiebelkuchen

für ein grosses, rundes Blech (4 Personen) + Mürbeteig 220 g Weissmehl + 100 g kalte Butterstückchen + 1 dl Wasser + 5 g Salz **+ Belag und Guss** 2 EL Öl + 600 g Zwiebeln, in feinen Scheiben + 120 g Speck, in Streifen + 2 Eier + 2 dl Rahm + 2 dl Milch + Salz, Pfeffer, Paprika, frisch geriebene Muskatnuss

1 Für den Teig Mehl und Butter krümelig reiben, Wasser und Salz zugeben, zu einem Teig zusammenfügen (nicht kneten). Zugedeckt kühl stellen.

2 Zwiebeln im Öl andünsten, herausnehmen, abkühlen lassen. Speck in der gleichen Pfanne anbraten, herausnehmen, abkühlen lassen.

3 Backofen auf 200 °C vorheizen.

4 Teig rund ausrollen und in das eingefettete Blech legen. Zwiebeln und Speck auf dem Teig verteilen. Eier, Rahm und Milch verquirlen, würzen, über die Zwiebeln giessen.

5 Zwiebelkuchen auf der zweituntersten Schiene in den vorgeheizten Ofen schieben und bei 200 °C 30 bis 40 Minuten backen.

SCHWYZ

Die Idee der regionalen Lebensmittel-Vermarktung setzt sich immer mehr durch: Milchmanufaktur Einsiedeln + Das Karren der Milch in ferne Verarbeitungszentren brachte die Einsiedler Bauern und einige initiative Bürger auf die Idee, die lokal produzierte Milch in einer Schaumolkerei zu regionalen Milch- und Käsespezialitäten zu verarbeiten. Sie liessen es nicht bei der Idee bewenden. Im Rahmen des kantonalen Projekts «Wertschöpfung im ländlichen Raum» gründeten sie im Frühling 2012 die Milchmanufaktur Einsiedeln AG. Geschäftsführer ist der Käsesommelier René Schönbächler, den das Thema seit vielen Jahren umtreibt. Er wollte die Idee zuerst auf dem elterlichen Hof umsetzen, merkte dann aber bald, «dass es eine grössere Sache werden sollte». Wie die Milchmanufaktur und die Schaukäserei nach Fertigstellung aussehen weden, zeigt die unten gedruckte Animation. Käsermeister wird Philipp Birrer sein, der bald die ersten Einsiedler Joghurts und Bergmozzarella im kleinen Stil herstellen will, bevor 2014 die Milchmanufaktur eröffnet werden soll. Die Bäuerinnen und Bauern um den Sihlsee holen mit dem ehrgeizigen Projekt die Wertschöpfung des wichtigsten landwirtschaftlichen Produkts nach Einsiedeln zurück. Dass damit auch eine neue Zielgruppe neben den Klostertouristen angesprochen werden kann, freut das finanziell nicht auf Rosen gebettete Gewerbe. Nur noch ein paar mal schlafen und man kann die ganze Welt der Milchverarbeitung vor Ort erleben. Geschmack und Aroma der Produkte sollen, wie die gesunde Einsiedler Bergwelt, ein Erlebnis sein. ZNe – Zur Nachahmung empfohlen!

+ SCHWYZ +

Fänz nach Muotathaler Art

100 g Butter + 2 EL Mehl + 1 Prise Salz + ½ l Milch + 100 g Heidelbeeren + Zucker, zum Bestreuen

1 Milch erhitzen.
2 Butter schmelzen, Mehl unterrühren, Salz zugeben, Milch nach und nach in Achterform unterrühren, so lange rühren, bis das Fänz eine cremige Konsistenz hat. Heidelbeeren beifügen, mit Zucker bestreuen. Fänz in der Pfanne servieren.

Serviervorschlag Dazu passen Brot und Milchkaffee.

Zum Rezept Fänz soll die älteste Älplermahlzeit sein.

+ SCHWYZ +

Einsiedler Kartoffelkuchen mit Käse und Zwiebeln

für ein grosses Kuchenblech + Teig 1 kg gekochte Schalenkartoffeln (Gschwellti), vom Vortag + 1 TL Salz + 1 Ei + Weissmehl **+ Belag** 4 Eier + je 1½ dl Rahm und Milch + 2 TL Mais- oder Kartoffelstärke + 200 g Gruyère + 200 g Appenzeller Käse + 3–4 mittelgrosse Zwiebeln, klein gewürfelt + Salz + Pfeffer aus der Mühle + frisch geriebene Muskatnuss + 50 g Speckwürfelchen

1 Kartoffeln schälen und auf der Röstiraffel reiben. Salz und Ei verquirlen, unter die Kartoffeln mischen. So viel Mehl einkneten, dass ein formbarer Teig entsteht.

2 Teig auf bemehlter Arbeitsfläche 1 cm dick ausrollen und in die eingefettete Form legen.

3 Eier verquirlen, Rahm, Milch und Maisstärke unterrühren, Gruyère und Appenzeller Käse dazureiben, mit Zwiebeln untermischen, würzen. Auf den Teigboden verteilen. Speckwürfelchen darüberstreuen.

4 Kuchen auf der zweituntersten Schiene in den kalten Ofen schieben und bei 200 °C Umluft oder Ober- und Unterhitze 30 Minuten backen, weitere 10 Minuten nur noch bei Unterhitze backen, damit der Teigboden durch und durch gebacken wird.

ST. GALLEN

Rheintaler Ribelmais AOC – ein Arme-Leute-Essen wird salonfähig + Eigentlich hat ein Alltagsgericht dieser heute ursprungsgeschützten Maissorte den Namen gegeben: Ribel. Türggenriebel nennen es die Einheimischen (in Anlehnung an das italienische «Grano Turco», türkisches Korn). Das mit Milchwasser gequollene Maismehl wurde mit wenig Fett in der Pfanne geröstet und gerieben, bis sich kleine Knollen (Ribeli) bildeten. Ribelmais war drei Jahrhunderte Hauptnahrungsmittel der kleinbäuerlichen Rheintaler Bevölkerung. In der mit Föhn verwöhnten Gegend hatte die wärmeliebende Pflanze ideale Bedingungen für einen guten Ertrag. Die «moderne» Ernährung verschmähte Ribelmails. Und wieder wäre ein wunderbares Kulturgut beinahe verschwunden. Der Verein Rheintaler Ribelmais, in dem sich Interessierte, Produzenten und Verarbeiter zusammengeschlossen haben, hat sich dem regionalen Lebensmittel angenommen, es weiterentwickelt und erfolgreich vermarktet. Seither ist der Ribelmais auch ausserhalb des Rheintals immer beliebter. Kreative Köpfe setzen das etwas grob und urchig anmutende Getreide (das zur Pflanzenart der Süssgräser gehört) immer öfter auch in der gehobenen Gastronomie ein. Neben den Hausfrauen/Hausmännern und den Köchen hat auch das Gewerbe (z. B. Bäcker und Bierbrauer) ihr fast vergessenes Kulturgut wiederentdeckt. Ribelmais AOC wurde im Sommer 2000 als zweites Nicht-Wein-Produkt von der Vereinigung Appellation Originale Controlée ausgezeichnet.

+ ST. GALLEN +

Ribelziegel mit Steinpilzen

Ribelziegel 4 dl Wasser + 4 dl Milch + Salz + Pfeffer aus der Mühle + 200 g Rheintaler Ribelmais + 2 Eigelbe + 50 g Bratbutter + **Pilzragout** 20 g Butter + 50 g gehackte Schalotten + 400 g frische Steinpilze + Salz + Pfeffer aus der Mühle + 2 dl Rahm

1 Wasser und Milch aufkochen, würzen, Ribelmais zugeben, nochmals erhitzen, bei schwacher Hitze zugedeckt etwa 15 Minuten quellen lassen, ab und zu rühren. Eigelbe unterrühren. Ribelmais in eine mit Klarsichtfolie ausgelegte Form füllen. Erkalten lassen. Ribelmais stürzen, in 15 mm dicke Ziegel/Scheiben schneiden. Ribelziegel in einer weiten Bratpfanne in der Bratbutter beidseitig braten, warm stellen.

2 Steinpilze putzen, in Scheiben schneiden. Schalotten in der Butter andünsten, Steinpilze zugeben, würzen, dünsten, bis die Pilze hellbraun sind, aus der Pfanne nehmen. Rahm zugeben, Sauce sämig einkochen lassen, würzen. Pilze zugeben, erhitzen.

3 Steinpilzragout auf vorgewärmten Tellern anrichten, Ribelziegel darauflegen.

+ ST. GALLEN +

Filet im Säntisbröckli

4 Lammfilets, je 50 g + 4 Kaninchenrückenfilets, je 50 g + 4 Scheiben Säntisbröckli (getrocknetes Schweinefleisch mit Wacholder) oder Rohschinken + 100 g St. Galler Kalbsbrät + **Sauce** 1 dl Bernecker Blauburgunder Barrique + 30 g gehackte Schalotten + 3 dl brauner Kalbsfond

1 Lamm- und Kaninchenfilets würzen. Säntisbröckli auf eine Klarsichtfolie legen, mit Kalbsbrät bestreichen, je 2 Lamm- und Kaninchenfilets darauflegen und einwickeln. Fleischrouladen in Alufolie wickeln. Im Ofen bei 100 °C etwa 20 Minuten garen, bis das Fleisch eine Kerntemperatur von 55 °C hat.

2 Für die Sauce Rotwein und Schalotten bei schwacher Hitze einkochen lassen, Kalbsfond zugeben und bei mittlerer Hitze auf die gewünschte Konsistenz einkochen lassen, abschmecken.

3 Fleischrouladen quer halbieren, auf vorgewärmten Tellern anrichten, mit der Sauce umgiessen.

Serviervorschlag Mit im Dampf gegartem und in der Butter gewendetem Saisongemüse servieren.

+ ST. GALLEN +

St. Galler Klostertorte

für eine Springform von 26–28 cm Durchmesser + 200 g weiche Butter + 150 g Zucker + 1 Prise Salz + ½ dl Milch + 2 Eier + 250 g geriebene Mandeln + 80 g Schokoladenpulver + 1 TL Zimtpulver + 300 g Weissmehl + 1 TL Backpulver + 50 g Weissmehl + 200 g Johannisbeerkonfitüre oder -gelee + 1 Eigelb

1 Butter luftig und cremig aufschlagen, nach und nach Zucker, Salz und Eier zugeben und weiterschlagen, bis sich der Zucker aufgelöst hat, Mandeln, Schokoladen- und Zimtpulver unterrühren, Mehl und Backpulver mischen und zugeben, zu einem weichen Teig kneten. 1 Stunde kühl stellen.

2 Backofen auf 200 °C vorheizen.

3 Springform mit Butter einfetten. Zwei Drittel des Teigs auf dem Boden flach drücken. Konfitüre so darauf verteilen, dass ein Rand von 1 cm frei bleibt. Restlichen Teig mit den 50 g Mehl verkneten. Etwa ein Viertel des Teigs für die Garnitur beiseitelegen. Aus dem restlichen Teig eine Rolle formen und an den Rand legen und andrücken. Restlichen Teil ausrollen, Garnituren ausstechen und auf die Konfitüre legen. Eigelb mit ein paar Tropfen Wasser verdünnen, Garnitur und Rand damit einpinseln.

4 Die St. Galler Klostertorte in der Mitte in den Ofen schieben und bei 200 °C 50 bis 60 Minuten backen.

Tipp Die Klostertorte schmeckt am besten, wenn sie 2 bis 3 Tage alt ist.

SOLOTHURN

Immer länger wird die Produkteliste «So natürlich». Unter diesem Label stellen Landwirte und Gewerbe zertifizierte Lebensmittel her, die sie gemeinsam vermarkten + Die Benützer der A1 sehen links und rechts der Autobahn eine Ballung von Firmen. Viele Produktions- und noch mehr Verteilbetriebe sind in den letzten drei Jahrzehnten angesiedelt worden. Hinter dem ersten Jurahöhenzug, im Naturpark Thal, kann die andere Seite des Kantons entdeckt werden. Hier wird an und für das Lebensmittel gearbeitet. Vierzehn regionale Vermarktungsorganisationen aus den Kantonen Solothurn, Aargau, Bern, Zürich, Jura und der Zentralschweiz setzen sich für landwirtschaftliche Spezialitäten ein, die fast ausnahmslos mit einem Gütesiegel für beste Qualität garantieren. Die Solothurner Zentrale, die unter dem Label «So natürlich» Produkte in den Handel und über den Online-Verkauf an private Abnehmer bringt, hat ihren Sitz in Balsthal. Ganze 175 Positionen umfasst die aktuelle Produkteliste. Einige Beispiele stellvertretend daraus: Sonnenblumenöl, Knoblauch-Basilikum-Essig, Erdbeerwein, Rotchäppli Kirschlikör, Passwang Mutschli, Hoselupf-Käse, Thaler Wurst, Urdinkel-Spaghetti, Lebkuchennudeln, süsser Senf, Dörrfrüchte, Apfelringli, Holundersaft, Fürobepunsch usw. Die ersten Bestrebungen für eine Direktvermarktung setzten im Kanton Solothurn erst Mitte der neunziger Jahre ein. Logischerweise hängt diese Entwicklung mit den geänderten Verhältnissen in der Landwirtschaft zusammen. Bäuerinnen und Bauern werden Unternehmer. Da ist noch viel Potenzial vorhanden.

+ SOLOTHURN +

Solothurner Gulasch

2 EL Bratbutter + 600 g Rindfleisch zum Schmoren, klein gewürfelt + 2 EL Tomatenpüree + 1 grosse Zwiebel, in 1 cm grossen Würfelchen + 1 Knoblauchzehe, halbiert + 1 EL Mehl + 1 TL Salz + ½ l Fleischbrühe + 400 g festkochende Kartoffeln, klein gewürfelt + 1 kleine Dose Pelati, Stielansatz entfernt, Tomaten zerkleinert + ½ kleiner Knollensellerie, geschält, klein gewürfelt + 1 kleiner Wirz, in breiten Streifen + 1 mittelgrosser Lauch, in 5 cm langen Stücken + Salz + Pfeffer aus der Mühle + 1 Bund glattblättrige Petersilie, Blättchen abgezupft und fein geschnitten + 1 Bund Schnittlauch, geschnitten

1 Bratbutter in einem Brattopf erhitzen, Fleisch anbraten, Tomatenpüree, Zwiebeln und Knoblauch mitdünsten, salzen, mit Mehl bestäuben, mit der Fleischbrühe ablöschen, aufkochen, Eintopf bei schwacher Hitze 45 Minuten schmoren lassen.

2 Kartoffeln, Tomaten und Gemüse zugeben, 1 Stunde bei schwacher Hitze schmoren lassen. Mit Salz und Pfeffer abschmecken, mit Petersilie und Schnittlauch garnieren.

+ SOLOTHURN +

Solothurner Funggi

100 g mehligkochende Kartoffeln + 4 Äpfel + 1 TL Zitronensaft + 1 TL Zucker + 1 dl Rahm + 30 g Butter + 30 g Butter + 100 g altbackenes Brot, gewürfelt

1 Kartoffeln schälen und vierteln, im Dampf knapp weich garen. Äpfel schälen, vierteln, entkernen, in Schnitze schneiden, auf die Kartoffeln legen, Zitronensaft und Zucker darüber verteilen, weich garen.

2 Brotwürfelchen in der Butter rösten.

3 Kartoffeln mit Äpfeln durch das Passevite drehen, Rahm und Butter unterrühren. In eine vorgewärmte Schüssel füllen, geröstete Brotwürfelchen darüberstreuen, sofort servieren.

Tipp Solothurner Funggi passen wunderbar zu Schmorbraten und Ragout.

+ SOLOTHURN +

Karamellcreme

50 g Zucker + 3 EL Wasser + 2½ dl Milch + 8 g Maisstärke + 2 Eigelbe + 15 g Zucker + 1 Prise Salz + 2 dl Rahm

1 Zucker in einer Pfanne bei mittlerer Hitze hellbraun karamellisieren, von der Wärmequelle nehmen, Karamell mit Wasser ablöschen, Deckel aufsetzen (Pfanneninhalt zischt), 2 dl Milch dazugiessen, Creme aufkochen, köcheln lassen, bis sich der Karamell aufgelöst hat.

2 Eigelbe, Zucker und Salz zu einer hellen, cremigen Masse aufschlagen, Maisstärke und restliche Milch verrühren, unter die Eigelbcreme rühren.

3 Heisse Karamellmilch unter Rühren zur Eigelbcreme geben. Zurück in die Pfanne giessen und unter Rühren unter dem Kochpunkt binden. Creme in eine Schüssel giessen. Schüssel mit Klarsichtfolie verschliessen (so kann verhindert werden, dass die Creme eine Haut bildet). Creme erkalten lassen.

4 Rahm steif schlagen, unter die Karamellcreme ziehen.

TICINO – TESSIN

Tessiner Nahrungs- und Landschaftskultur Kastanie: hier können alle ihren Beitrag leisten + Als die Pionierin der wiederentdeckten Kastanienküche, Erica Bänziger aus Verscio/TI, 1996 ihr erstes Kastanienkochbuch in unserem Verlag herausbrachte, vermochte dies die grossen Anstrengungen für eine Wiederbelebung der Kastanienkultur nachhaltig zu fördern. Die fast vergessene Frucht, das einstige Brot der Armen im Tessin und in den Bündner Südtälern, wurde zum Thema in allen Medien. Trotzdem dürfte die Nachfrage grösser sein, dann könnten viele Kleinbauern auf ihren Höfen bleiben und müssten nicht in die Städte abwandern. Die Kastanie ist ein reines Naturprodukt und gehört wie die Kartoffel und der Mais zu den wenigen basenbildenden Stärkeprodukten. Die Kastanie kann eine säurelastige Ernährung ausbalancieren. Ihre Bäume bilden oft ausgedehnte Wälder, Kastanienselven genannt, die Nahrung liefern und den Wanderern kühlenden Schatten spenden. Nach dem 2. Weltkrieg verwilderten viele Bäume, die gut und gerne 200 bis 300 Jahre alt sind. Für eine Umkehr war es nicht zu spät. Der Förster Carlo Scheggia, der im Malcantone die Marronikultur lebt, bringt es mit wenigen Worten auf den Punkt: «Die Kastanie ist viel mehr als ein Baum. Er prägt das Landschaftsbild der gesamten Umgebung, bietet Menschen und Tieren Nahrung, Bienen sammeln Nektar. Aus dem Holz entstehen Möbel, es wird auch zum Bauen und zum Heizen verwendet. Kastanienweg: www.malcantone.ch (Wanderungen)

+ TICINO – TESSIN +

Ricotta-Ziegenfrischkäse-Quiche mit roten Zwiebeln

für ein grosses Kuchenblech + 300 g Blätterteig + 3 Eier + 1 dl Rahm + 150 g Ricotta + 200 g Ziegenfrischkäse + Kräutersalz + Pfeffer aus der Mühle + 1 TL fein gehackte Rosmarinnadeln + 1–2 EL Olivenöl + 4 rote Zwiebeln + 50 g Pancetta oder Speck, gewürfelt

1. Backofen auf 200 °C vorheizen.
2. Blätterteig auf Blechgrösse ausrollen und in die Form legen, Teig mit einer Gabel ein paarmal einstechen.
3. Eier verquirlen, Rahm, Ricotta und Ziegenfrischkäse zugeben und glatt rühren, mit Kräutersalz und Pfeffer würzen, Rosmarin unterrühren.
4. Zwiebeln schälen und in feine Streifen schneiden, im Olivenöl einige Minuten dünsten, abkühlen lassen, Pancetta unterrühren, auf den Teigboden verteilen. Guss darübergiessen.
5. Quiche auf der zweituntersten Schiene in den vorgeheizten Ofen schieben und bei 200 °C etwa 30 Minuten backen.

+ TICINO – TESSIN +

Kaninchenragout im Merlot geschmort

1 Kaninchen, in Stücke zerlegt + ca. 4 dl Merlot + 2 EL Olivenöl + 3 Lorbeerblätter + frischer Rosmarin und Thymian + 5 Pfefferkörner + 1 mittelgrosse Zwiebel, gehackt + 2 EL Olivenöl + 4 mittelgrosse Karotten, in Stäbchen + 4 kleine rote Zwiebeln, halbiert + Salz + Pfeffer aus der Mühle + 2 EL Butter + 250 g tiefgekühlte Marroni + wenig Gemüsebrühe

1 Für die Marinade Rotwein, Olivenöl, Lorbeerblätter, Kräuter, Pfefferkörner und Zwiebeln in eine Schüssel geben. Fleisch hineinlegen, es soll mit der Flüssigkeit bedeckt sein. Schüssel zudecken. 2 Tage marinieren. Fleisch aus der Marinade nehmen und trocken tupfen, im Olivenöl bei mittlerer Hitze anbraten, Marinade nach und nach zugeben, Fleisch bei schwacher Hitze 40 Minuten zugedeckt schmoren lassen, Karotten und Zwiebeln 25 Minuten mitgaren, mit Salz und Pfeffer abschmecken. Sauce je nach Dicke abgiessen und separat bei starker Hitze einkochen lassen, wieder zum Fleisch geben. Erhitzen.

2 Butter in einer Pfanne zergehen lassen, tiefgekühlte Marroni zugeben und in der Butter wenden, mit wenig Gemüsebrühe ablöschen, weichkochen (Marroni nicht zerfallen lassen). Zum Fleisch geben.

+ TICINO – TESSIN +

Zabaione auf Beeren

3 Eigelbe + 1 Ei + 3 EL Tessiner Blütenhonig, zum Beispiel Millefiori + ½ dl Marsala + ½ dl Merlot + 100 g Himbeeren + 100 g Heidelbeeren + 1 dl Rotwein

1 Für die Zabaione Eigelbe, Ei, Honig, Marsala und Rotwein verrühren, mit dem Schneebesen über dem kochenden Wasserbad aufschlagen, bis man einen festen Schaum hat.

2 Beeren mit dem Rotwein aufkochen, auf Gläser verteilen, Zabaione darübergiessen. Rasch servieren.

THURGAU

Ein schönes Land, wo die paradiesische Frucht die Hauptrolle spielt: eine Ode an den Apfel + Hochstamm-Apfelbäume in übergrossen Baumgärten und Apfelplantagen so weit das Auge reicht, haben dem grössten Obstbaukanton der Schweiz die beinahe zärtliche Zusatzbezeichnung «Mostindien» eingebracht. Im eher dünn besiedelten Apfelparadies ist die auffällig rotwangige Frucht allgegenwärtig. Fast 50 000 Tonnen Äpfel ernten die Thurgauer Bauern jedes Jahr. Dies entspricht, zusammen mit denjenigen des Kantons St. Gallen, einem Drittel des Gesamtkonsums. Dies ist umso bedeutender, als die Schweiz ein Apfel-Selbstversorgerland ist. Das gesunde Obst wird nicht nur als kleiner Snack für zwischendurch geschätzt, sondern auch zu vielen haltbaren Produkten verarbeitet: Mit Abstand den grössten Bedarf haben die Mostereien und Brennereien, die Süssmost, vergorenen Apfelwein oder gebrannte Wasser herstellen. Bekannt sind auch der Apfelessig, der Apfeltee und die beliebten gedörrten Apfelringe. In der Küche haben sie die Bedeutung gegenüber früher etwas verloren, als die Grossmütter noch jeden Tag wie selbstverständlich Apfelmus auf den Tisch brachten. Viele Menschen schätzen auch die Heilkraft des Apfels. Eine positive Wirkung hat er schon im täglichen Birchermüesli, seine Wirkstoffe helfen je nachdem bei Durchfall oder Verstopfung. Apfelschalentee kann nervöse Menschen und zappelige Kinder beruhigen. Dass er mit nur 55 Kalorien pro 100 Gramm gut sättigt und ein idealer Begleiter für Schlankheitsbewusste ist, weiss schon fast jedes Kind.

+ THURGAU +

Kartoffel-Kürbis-Auflauf

für 4 bis 5 Personen + 1 kg Kürbis, z. B. Muscade de Provence + 400 g festkochende Kartoffeln + 150 g klein gewürfelter Schinken + 100 g geriebener Gruyère + 2 EL Majoranblättchen + **Guss** + 2 Eier + 2 dl Rahm + 100 g Mascarpone + Kräutersalz + frisch gemahlener schwarzer Pfeffer

1 Kürbis entkernen und schälen, in Würfelchen schneiden. Kartoffeln schälen und in Würfelchen schneiden. Kürbis- und Kartoffelwürfelchen im Dampf ein paar Minuten garen, abkühlen lassen.

2 Backofen auf 200 °C vorheizen.

3 Guss zubereiten, gut würzen.

4 Gratinform einfetten. Kürbis-Kartoffel-Mix, Schinken, Gruyère und Majoran in der Form mischen. Den Guss darübergiessen.

5 Kartoffel-Kürbis-Auflauf in der Mitte in den vorgeheizten Ofen schieben, bei 200 °C 20 bis 30 Minuten backen.

+ THURGAU +

Felchenfilets nach Thurgauerart

30 g Bratbutter + 600 g Felchenfilets + 1 Zitrone, Saft + Salz + Pfeffer aus der Mühle + 1 EL Mehl + 30 g Butter + 100 g durchwachsene Speckwürfelchen + 3 Tomaten + 50 g Champignons, in Scheiben + 50 g Silberzwiebelchen + 1 EL gehackte Petersilie

1 Fischfilets mit Zitronensaft beträufeln und mit Salz und Pfeffer würzen, im Mehl wenden.
2 Tomaten an der Spitze kreuzweise einschneiden, in kochendes Wasser tauchen, bis sich die Haut löst, unter kaltem Wasser abschrecken. Tomaten schälen, Stielansatz ausstechen, würfeln.
3 Felchenfilets in der Bratbutter beidseitig goldgelb braten, auf eine vorgewärmte Platte legen und warm stellen.
4 Butter erhitzen, Speck, Tomaten, Champignons und Silberzwiebelchen zugeben und 2 Minuten dünsten, über die Fischfilets verteilen. Mit Petersilie garnieren.

+ THURGAU +

Thurgauer Apfelkuchen

für eine Springform von 24 cm Durchmessert + Biskuitteig 125 g weiche Butter + 125 g Zucker + 1 Prise Salz + 2 Eier + 75 g geriebene Mandeln + 175 g Weissmehl + 1 TL phosphatfreies Backpulver **+ Füllung** 800 g kleinere Äpfel, z. B. Idared + 1 Zitrone, Saft + 200 g Crème fraîche + 250 g Halbfettquark + 75 g Zucker + 1 Briefchen Vanillepuddingpulver (zum Kochen) + ½ EL Maisstärke + 3 Eier **+** Puderzucker, zum Bestäuben

1 Rand der Form mit Butter einfetten, Boden mit Backpapier belegen.

2 Für den Biskuitteig Butter, Zucker und Salz luftig und cremig aufschlagen, Eier zugeben, rühren, bis die Masse hell ist. Mandeln untermischen. Mehl und Backpulver dazusieben, untermischen. Biskuitteig in der Form verstreichen, einen etwa 4 cm hohen Rand formen. Kühl stellen.

3 Äpfel schälen, vierteln und entkernen, mit der Hälfte des Zitronensafts mischen. Apfelviertel hochkantig dem Rand entlang in den Teig stecken, 2 Reihen machen.

4 Crème fraîche, Quark, Zucker, Puddingpulver, Maisstärke, Eier und restlichen Zitronensaft gut verrühren, in die Form giessen.

5 Den Apfelkuchen in den kalten Ofen schieben und bei 160 °C 60 bis 65 Minuten backen. In der Form auskühlen lassen. Kurz vor dem Servieren mit Puderzucker bestäuben.

Tipp Wenn die Äpfel gegen Ende der Backzeit zu dunkel werden, mit Alufolie abdecken.

OBWALDEN – NIDWALDEN (UNTERWALDEN)

Birchermüesli aus dem Herzen der Schweiz: Das gesunde Frühstück kommt aus Sachseln + Dass der traditionelle Haferbrei zum Frühstück einmal ausgedient haben wird, war voraussehbar. Das von Herrn Doktor Bircher-Benner vor mehr als hundert Jahren erfundene Müesli galt lange Zeit als Diät und war verpönt, weil die Leute glaubten, volles Korn ungekocht zu essen, sei eine Zumutung. Das könne der Körper doch gar nicht verdauen. Heute gibt es kaum noch einen Haushalt, in dem nicht Müeslisäcke im Vorrat sind. Das Müesli ist nicht nur salonfähig geworden, es wird auch von vielen Ernährungsberaterinnen empfohlen. Und von einer Mehrheit der Schweizer geliebt. Diese Entwicklung ist auch die Erfolgsgeschichte der bio-familia AG, die seit bald 55 Jahren für eine gesunde, unverwechselbare Frühstückskultur arbeitet. Seit 1959 stellt sie unterschiedliche Müeslisorten her und vertreibt sie ausser in der Schweiz in über 40 Ländern bis in den Fernen Osten und in die USA. Schon früh wurden auch Bio-Qualitäten angeboten, die den ersten Biobauern die Möglichkeit gaben, den Absatz ihres Getreides durch langfristige Verträge zu sichern. 1977 wurde das erste Knuspermüesli auf den Markt gebracht. Dies als Antwort auf den Genuss- und Knuspertrend in den Vereinigten Staaten. Die Lancierung der ersten Müesli mit Kalzium und Magnesium eröffnete der Firma einen neuen grossen Markt für das sogenannte Functional-Food, Lebensmittel mit gesundheitlichem Zusatznutzen.

+ OBWALDEN – NIDWALDEN +

Nidwaldner Ofätori

800 g mehligkochende Kartoffeln + 30 g flüssige Butter + 1 Ei, verquirlt + 3 EL geriebener Sbrinz + frisch geriebene Muskatnuss + 200 g Magerspeck, in kleinen Stäbchen, zum Spicken + Butterflocken

1 Kartoffeln schälen und in Würfel schneiden, im Dampf weich garen, noch warm durch das Passevite drehen. Lauwarme Butter, Ei und Sbrinz unterrühren, mit Muskatnuss abschmecken.

2 Kartoffelstock in eine mit Butter eingefettete Gratinform füllen, zuerst glatt streichen, dann Vertiefungen machen, Magerspeck in die «Erhöhungen» stecken.

3 Ofätori in der Mitte in den auf 220 °C vorgeheizten Ofen schieben und 15 Minuten backen. Mit einigen Butterflocken belegen, wieder in den Ofen schieben, weitere 10 bis 15 Minuten backen.

Serviervorschlag Mit einem grossen bunten Salat oder mit Apfelschnitzchen servieren.

+ OBWALDEN – NIDWALDEN +

Grossmueters Cholermuäs

200 g Weissmehl + 1 TL Salz + 2½ dl Milch + 4 Eier, Eiweiss und Eigelb getrennt + Butter

1 Mehl und Salz in einer Schüssel mischen, Milch und Eigelbe unterrühren. Eiweiss zu Schnee schlagen und behutsam unterziehen.
2 In einer weiten Bratpfanne reichlich Butter schmelzen, Teig in die Bratpfanne giessen und Cholermuäs auf der Unterseite goldgelb backen, wenden. Omelette mit einer Bratschaufel in kleine Stücke teilen, weiterbraten, bis alle Stücke hellbraun sind.

Serviervorschlag Mit einem grossen bunten Salat oder mit Apfelschnitzchen servieren.

URI

Schäfchen zählen im Bergkanton lohnt sich: es sind viele und sie sind auch wirtschaftlich bedeutend + Es war nicht einfach, im Kanton Uri ein Thema zu diesem Vorspann zu finden. Über die gastronomischen Leistungen in den Andermatter Restaurants von Samih Sawiris gibt es noch keine gesicherten Erkenntnisse. Uri ist sonst nicht der Kanton der Superlative. Zu ihm passt am besten etwas Bodenständiges. So etwas wie die Schafzucht, die im Kanton seit mindestens 500 Jahren praktiziert wird. Und geht die Welt nicht unter, werden die braunen Bergschafe auch in hundert Jahren noch die Urner Alpen bevölkern. Da ist das bekanntere weisse Alpenschaf schon eher etwas Modernes, ein neueres Modell quasi. Seit den 1930-er Jahren wird es nach verschiedenen Kreuzungen mit deutschen und französischen Artgenossen in der Schweiz gezüchtet. Dies in der Absicht, die Fleisch- und Wollqualität stetig zu verbessern. Im Kanton Uri sind rund 9000 «eigene» Schafe in den Büchern. Ein junges Tier wird hier auch «Bänz» genannt. Beim Sömmern auf gesamthaft 73 Schafalpen kommen in Uri noch einmal 8000 auswärtige Schafe dazu. Allein im Urserental befinden sich dann 7500 Schafmütter und Lämmer. Die Tiere pflegen auf den Urner Alpen die Landschaft dort, wo es für Rinder schlicht zu steil wäre. Wirtschaftlich bedeutend sind nicht Milch und Wolle, sondern das Fleisch. Mit den vielen Urner Alpenkräutern entwickelt sich das an und für sich schon gesunde und kalorienarme Fleisch zum kulinarischen Genuss. Es gibt viele Urner Landwirtschaftsbetriebe, die ihr Lammfleisch selbst vermarkten, auch in Bio-Qualität.

+ URI +

Reis mit Lauch und Alpkäse

1 EL Öl + 1 kleine Zwiebel, klein gewürfelt + 1 Knoblauchzehe, klein gewürfelt + 200 g Langkornreis + 1½ dl Weisswein + 3½ dl Wasser + 1 EL Öl + 400 g Lauch + Gemüsebrühepulver + Pfeffer aus der Mühle + 100 g Crème fraîche + 100 g geriebener Alpkäse

1 Zwiebeln und Knoblauch im Öl andünsten, Reis mitdünsten, mit Weisswein und Wasser ablöschen, bei schwacher Hitze al dente garen.

2 Grobfasrige Teile beim Lauch entfernen, längs aufschneiden und Hälften in Streifen schneiden, im Öl knackig dünsten. Unter den Reis mischen, kurz köcheln lassen, mit Gemüsebrühepulver und Pfeffer würzen.

3 Crème fraîche und Alpkäse unter den Reis rühren.

+ URI +

Urner Gämschpfeffer

2 kg Gemsfleisch, in Ragoutstücken + 1 Stück Knollensellerie, geschält, zerkleinert + 1 Karotte, geschält, zerkleinert + 1 Zwiebel, halbiert, mit Lorbeerblatt und Nelken besteckt + 6 Wacholderbeeren + 1 l Rotwein + ½ dl Rotweinessig + 50 g Bratbutter + Salz + Pfeffer aus der Mühle + Thymian und Majoran + 2 EL Mehl + 1 Prise Zucker

1 Fleisch, Gemüse, Wacholderbeeren, Rotwein und Rotweinessig in eine grosse Schüssel geben, 3 bis 5 Tage zugedeckt beizen.

2 Das Fleisch aus der Beize nehmen und mit Küchenpapier trocknen.

3 Bratbutter in einem grossen Gusseisentopf erhitzen, Fleisch darin scharf anbraten. Beize zugeben, aufkochen. Das Fleisch soll mit der Flüssigkeit bedeckt sein, eventuell noch mehr Rotwein zugeben. Mit Salz, Pfeffer, Thymian und Majoran würzen. Mehl in einer Gusseisenpfanne trocken rösten, zum Fleisch geben. Zugedeckt 1½ bis 2 Stunden schmoren lassen. Fleisch aus der Sauce nehmen und warm stellen. Sauce durch ein Spitzsieb passieren, Zucker zugeben, eventuell nachwürzen, Sauce wieder zum Fleisch geben.

VAUD – WAADT

Vom Mittelalter bis heute: Die Weinkultur gehört zum Waadtland wie der Lac Léman + Unter den vielen Weinregionen in der Schweiz ist das Waadtland, von der Geschichte her betrachtet, die beständigste. Der Wein im zweitgrössten Rebgebiet der Schweiz ist in der Waadt ein gewichtiger Wirtschaftsfaktor: Auf den rund 4000 Hektaren Rebbergen können in durchschnittlichen Jahren 270 Millionen Liter Wein gewonnen werden. Nur jede fünfte Flasche davon ist ein Roter. Rund 70 % des produzierten Weissweins stammt von der Chasselas-Traube, bei den roten Sorten sind es Gamay und Pinot noir. Das Weinbaugebiet Waadt wird in der Fachliteratur meist in vier Lagen (Terroirs) eingeteilt. Wir nehmen es genauer und umschreiben kurz die sechs Weinbaugebiete. **La Côte:** Liegt zwischen Nyon und Lausanne; ist mit 2000 ha das mit Abstand grösste und wirtschaftlich wichtigste Anbaugebiet. **Lavaux:** Die Weine, deren Trauben auf den terrassierten Rebbergen zwischen Lausanne und Vevey wachsen, sind die Lieblinge der Deutschschweizer. Mit 800 ha zweitgrösstes Anbaugebiet. **Chablais:** Zwischen Villeneuve und der Walliser Kantonsgrenze, 600 ha gross. Hier prägen der Föhn und ein steiniger Boden den Wein. **Bonvillars:** Südliches Waadtländer Ufer des Neuenburgersees. Mit 200 ha kleineres Gebiet. **Côte d'Orbes:** Das 170 ha grosse Nachbarterroir von Bonvillars. Ebenfalls am Neuenburgersee gelegen, die Rebberge sind ausnahmslos nach Süden orientiert. **Vully:** Am Waadtländer Ufer des Murtensees. Ist mit 50 ha das kleinste Terroir. Wird meist im Nebenerwerb von Landwirten betreut.

+ VAUD – WAADT +

Kalbsragout mit Pilzen

für 6 Personen + 1 kg Kalbsschulter/Laffe, geviertelt + 3 Kalbsknochen + 1 Gemüsebouquet: 1 besteckte Zwiebel, wenig Knollensellerie, 1 Karotte, 1 kleiner Lauch, Petersilienstängel + ½ Zitrone, Saft + 1 dl Weisswein + Salz + Pfeffer aus der Mühle + 2 EL Butter + 300 g Champignons + 2 dl Rahm + 1 EL Maisstärke + Kerbel

1 Zwiebel schälen und halbieren, mit Lorbeerblatt und Gewürznelken bestecken. Gemüse putzen/schälen, zerkleinern. Knochen, Gemüse, Zitronensaft, Weisswein und 1 Liter Wasser in einem weiten Kochtopf aufkochen, würzen. Fleisch zugeben und aufkochen, bei schwacher Hitze 1 Stunde köcheln lassen.

2 Fleisch aus dem Sud nehmen und in 2 bis 3 cm grosse Würfel schneiden, zugedeckt beiseitestellen.

3 Brühe durch ein Sieb passieren, aufkochen und bei starker Hitze auf die Hälfte einkochen lassen.

4 Pilze je nach Grösse halbieren, vierteln oder in Scheiben schneiden, in der Butter andünsten, 3 dl Fleischbrühe zugeben. Maisstärke mit Rahm glatt rühren, zu den Pilzen geben, aufkochen, 2 bis 3 Minuten köcheln lassen. Fleisch zugeben. Abschmecken mit Salz und Pfeffer. Mit dem Kerbel garnieren.

+ VAUD – WAADT +

Gâteau de cidre

für eine runde Form von 26 cm Durchmesser oder eine kleine rechteckige Form + Geriebener Teig 250 g Weissmehl + 1 TL phosphatfreies Backpulver + ½ TL Salz + 1 unbehandelte Zitrone, abgeriebene Schale + 120 g kalte Butter, in Stückchen + 4–5 EL kaltes Waser **+ Füllung** 2 EL Weissmehl + 3 gehäufte EL Zucker + 1 dl vergorener Apfelsaft + 1 Prise Zimtpulver + 30 g Butterflocken

1 Für den Teig Mehl, Backpulver, Salz und Zitronenschale mischen, kalte Butterstückchen mit dem Mehl krümelig reiben, Wasser zugeben, zu einem glatten Teig verarbeiten, nicht kneten. Teig zwischen Klarsichtfolien auf Formgrösse ausrollen, in die eingefettete Form legen. 30 Minuten kühl stellen.
2 Backofen auf 240 °C vorheizen.
3 Für die Füllung das Mehl mit der Hälfte des Zuckers mischen und auf den Teigboden verteilen. Vergorenen Apfelsaft in die Form giessen. Butterflocken darauf verteilen. Restlichen Zucker und Zimt darüberstreuen.
4 Gâteau de cidre auf der zweituntersten Schiene in den Ofen schieben und bei 240 °C rund 20 Minuten backen.

Variante Vergorenen Apfelsaft durch Weisswein ersetzen.

WALLIS – VALAIS

Wegen des Klimas nur im Rhonetal möglich: die Erfolgsgeschichte der Walliser Aprikosen + Sie ist intensiv orange, samtig, köstlich und erst noch eine der gesündesten Früchte überhaupt. Die Aprikose. Weltweit werden 2,5 Mio. Tonnen geerntet, ein Viertel davon in Europa. In der Schweiz kann nur das Wallis im unteren Kantonsteil die begehrte Frucht produzieren. Weil die Böden da warm und durchlässig sind. Die Bäume reagieren empfindlich auf Frost, weshalb die Landwirtschaftsgebiete in der Deutschschweiz nicht geeignet sind. Im Wallis gibt es derzeit Aprikosenkulturen auf einer Fläche von 600 Hektaren, auf denen rund 6000 Tonnen Früchte geerntet werden. Dies entspricht ungefähr dem Schweizer Konsum. Wie bei den Äpfeln sind wir also auch hier Selbstversorger. Einerseits liegt es an der Qualität, dass die Walliser Bauern auf einer Erfolgswelle reiten, andererseits sicher aber auch an den Konsumenten. Sie wollen Schweizer Produkte, die nicht um die halbe Welt gekarrt werden. Gerne werden die Aprikosen roh gegessen. Ein Teil wird aber auch haltbar gemacht, d. h. sterilisiert , heiss eingefüllt, zu Konfitüre verarbeitet, tiefgekühlt und getrocknet. Die Walliser Aprikosen kommen von Ende Juni bis Ende August auf den Markt. Die relativ lange Erntezeit ist dank unterschiedlicher Sorten möglich. Dass die Aprikose sehr gesund ist, wusste schon Hippokrates, der die Frucht bei Vitaminmangel zur Kur empfahl. Zudem enthält sie Kalium, Phosphor, Kalzium, Magnesium und Eisen.

+ WALLIS – VALAIS +

Tomatensuppe mit Kräutern

2 EL Öl + 50 g Zwiebeln, klein gewürfelt + 1 Msp durchgepresste Knoblauchzehe + 1 EL Tomatenmark/-püree + 500 g reife Tomaten, Stielansatz ausgestochen, gewürfelt + reichlich Petersilie + 4 dl Gemüsebrühe + Salz + Pfeffer aus der Mühle

1. Zwiebeln im Öl andünsten, Knoblauch und Tomatenmark mitdünsten, Tomaten und Kräuter beifügen, mit der Gemüsebrühe ablöschen, aufkochen, Suppe 10 bis 15 Minuten köcheln lassen.
2. Tomatensuppe mit dem Stabmixer fein pürieren, mit Salz und Pfeffer abschmecken.

+ WALLIS – VALAIS +

Cholera

für eine Springform von 24 cm Durchmesser + Teig 200 g Weissmehl + ½ TL Salz + 75 g Schweineschmalz + 5–6 EL Wasser **+ Füllung** 1 EL Butter + 500 g Lauch + ½ dl Wasser + 1 Msp Salz + 300 g Walliser Bergkäse, auf der Röstiraffel gerieben + 500 g Gschwellti, vom Vortag + Salz + Pfeffer + Muskatnuss + 3 Äpfel **+** 1 EL Butter

1. Mehl und Salz mischen, mit dem Schweineschmalz krümelig reiben, Wasser zugeben, zu einem glatten Teig zusammenfügen. 1 Stunde kühl stellen.
2. Backofen auf 200 °C vorheizen.
3. Grobfasrige Lauchteile entfernen, Stangen in Streifen schneiden, in der Butter knackig dünsten. Abkühlen lassen. Gschwellti schälen, in Scheiben schneiden. Äpfel schälen, vierteln und entkernen, in Schnitze schneiden.
4. Teig 2 mm dick ausrollen und in die eingefettete Form legen, Rand hochziehen, überlappenden Teig nach innen legen. Zutaten lagenweise einfüllen, am Schluss verbleibende Äpfel und Kartoffeln ziegelartig darauflegen. 1 EL Butter schmelzen, Äpfel und Kartoffeln damit bestreichen.
5. Cholera auf unterster Schiene in den vorgeheizten Ofen schieben und bei 200 °C rund 40 Minuten backen.

+ WALLIS – VALAIS +

Aprikosen mit Weinschaumsauce

500 g sonnengereifte Aprikosen + 2½ dl Wasser + 30 g Zucker + ½ Vanilleschote, aufgeschnitten **+ Weinschaumsauce** 1 dl Marsala + 1 Ei + 1 Eigelb + 1 EL Zucker

1 Wasser mit Zucker, abgestreiftem Vanillemark und Vanilleschote zu einem Sirup einkochen. Aprikosen halbieren, Stein entfernen, Stielansatz keilförmig herausschneiden, in den Sirup legen und bei schwacher Hitze pochieren, d. h. knapp weich kochen. Pfanne von der Wärmequelle nehmen, Aprikosen im Sirup erkalten lassen.

2 Für die Weinschaumsauce Dessertwein, Ei und Eigelb sowie Zucker über dem kochenden Wasserbad luftig und cremig aufschlagen.

3 Aprikosen in tiefen Tellern anrichten, Weinschaumsauce dazugeben. Sofort servieren.

ZUG

Im Jahr 2015 darf zweimal jubiliert werden: 200 Jahre Zentralschweizer Tourismus und 200 Jahre Zuger Kirschtorte + Welches Jubiläum gewichtiger ist, darüber darf spekuliert werden. Jedenfalls ist die Zuger Kirschtorte unbestritten die Königin all der runden, ach so begehrten Köstlichkeiten in der Konditorei. Die Geschichte begann auch in Zug, wie meistens bei epochalen Erfindungen: Eingewanderte hatten die Nase vorn. Bei der Kirschtorte war es ein Appenzeller Konditormeister, Heiri Höhn, der an der Alpenstrasse 7 zu wirken begann. Zwei Gastronomen testeten das Machwerk, das die folgenden Voraussetzungen erfüllen musste: 1. Es soll auch nach einem üppigen Essen noch bekömmlich sein. 2. Eine perfekt durchdachte Komposition von Biskuit, Japonaisboden und Kirsch. 3. Eine grosse Robustheit für die Lagerung, die Verpackung und den Transport. 4. Nur «Zuger Chriesiwasser», weil lange Tradition und grosses Renommee. Der Erfolg stellte sich schneller ein als erwartet; 1823 gewann Höhn an einer Gastro-Ausstellung in Luzern eine Goldmedaille. Anders als beim Appenzeller Käse ist das Rezept nicht geheim: ein mit Kirsch durchtränktes Biskuit zwischen zwei Japonaisböden. Damit der Kirsch nicht ausläuft, wird das Biskuit mit einer dünnen Buttercremeschicht umhüllt. Der Rand wird mit gerösteten Mandelblättchen und der Deckel mit Puderzucker bestreut. Karl Speck legte in seiner Konditorei 1895 den Grundstein für eine professionelle Herstellung des erfolgreichen Zuger Produkts. Heute wird die Confiserie bereits in der vierten Generation von der Familie Speck geführt.

+ ZUG +

Wirzbündeli

1 grosser Wirz + 1 kleine Zwiebel, klein gehackt + 1 Bund Petersilie, Blättchen abgezupft und fein gehackt + 2 altbackene Brötchen + 1–2 dl Gemüsebrühe + 2 EL Butter + Pfeffer aus der Mühle + Majoran + 1 EL Tomatenpüree + ½ TL fein gehackte Rosmarinnadeln + Gemüsebrühe

1 Brötchen zerkleinern und in der Gemüsebrühe einweichen, gut ausdrücken und zerpflücken.

2 Beim Wirz die einzelnen Blätter sorgfältig abbrechen und harte Strunkteile entfernen. Blätter im Dampf 5 Minuten garen. Grosse Blätter auf Küchenpapier legen, kleinere Blätter fein hacken.

3 1 EL Butter in einer Pfanne erhitzen, Zwiebeln, Petersilie und gehackten Wirz andünsten, mit Salz, Pfeffer und Majoran würzen, Brötchen unterrühren. Masse auf die Wirzblätter verteilen, zu Rouladen einrollen. Restliche Butter erhitzen, Wirzbündeli in die Pfanne legen und bei schwacher Hitze ein paar Minuten dünsten. Tomatenpüree und Rosmarin zugeben, mit Gemüsebrühe ablöschen, etwa 10 Minuten schmoren lassen, eventuell Gemüsebrühe nachgiessen.

Variante Brot in der Füllung durch Hackfleisch ersetzen.

+ ZUG +

Albelifilets mit Kräutern

800 g Albelifilets + reichlich Butter + je 1 Bund Petersilie und Schnittlauch + Salz + Pfeffer aus der Mühle

1 Albelifilets kalt abwaschen, mit Küchenpapier trocken tupfen.

2 Petersilie von den Stielen zupfen und grob hacken. Schnittlauch fein schneiden.

3 Fischfilets mit Salz und Pfeffer würzen, sanft in das Fleisch einreiben.

4 Fischfilets am besten in zwei grossen, beschichteten Bratpfannen zubereiten. Reichlich Butter schmelzen. Bevor die Butter schäumt, Filets mit der Hautseite oben in die Bratpfanne legen. Bei mittlerer Hitze beidseitig je 3 Minuten dünsten. Auf vorgewärmten Tellern anrichten.

5 Kräuter in der Fischpfanne andünsten, über die Fischfilets verteilen. Sofort servieren.

Variante Einen Bund Gartenkräuter, beispielsweise Majoran, Bohnenkraut oder Thymian, Kerbel, Dill, Petersilie, Schnittlauch, Salbei und Estragon, verwenden. Zusätzlich eine mittelgrosse Zwiebel und 2 Knoblauchzehen schälen und fein hacken. Albelifilets in der Butter dünsten und auf vorgewärmten Tellern anrichten, zugedeckt warm stellen. Zwiebeln und Knoblauch in der Fischpfanne weich dünsten, Kräuter beifügen und kurz mitdünsten, über die Fischfilets verteilen.

ZÜRICH

Weisser und grüner Spargel: die Frühlingsbegleiter für Feinschmecker + Zugegeben, den Spargel nur Zürich zuzuordnen, geschieht willkürlich. Fakten zu den genauen Produktionszahlen gibt es nicht. Die Böden im Rafzerfeld und im Zürcher Weinland eignen sich am besten. So betreibt der grösste Kürbisproduzent Jucker Farm in Seegräben als weiteres Geschäftsfeld einen grossen Spargelhof in Rafz. 180 Schweizer Gemüsebauern tun es ihm gleich. Zusammen ernten sie pro Jahr rund 250 Tonnen, drei Viertel davon Grünspargel. Gemessen am Gesamtkonsum von ca. 6200 Tonnen (800 g pro Person) ist der Schweizer Anteil unbedeutend. Innerhalb von 40 Jahren hat sich der Konsum verdoppelt. Das ist ein gutes Signal, die Spargelfelder auf geeignetem sandigem Boden zu vergrössern oder zusätzliche anzulegen. Die Spargelpflanze gehört zur Familie der Liliengewächse wie Zwiebel, Schnittlauch, Knoblauch und Lauch. Botanisch handelt es sich bei grünem und weissem Spargel um die gleiche Pflanze. Den Unterschied macht die Kultivierung. Während der grüne Spargel an der Erdoberfläche wächst und grün bleibt, wird der Bleichspargel in einem eigens dafür errichteten Erddamm gezogen. Der Grünspargel wird geschnitten, der weisse Spargel in harter Knochenarbeit gestochen. Dies erklärt auch den stolzen Ladenpreis. Spargel ist ohne grosses Brimborium in der Küche eine Delikatesse, sei es als Suppe oder einfacher Begleiter zu Fisch, Fleisch und zartem Gemüse. Der Spargel dient auch der Gesundheit: Er hält schlank, unterstützt Milz und Leber und ist vor allem ein Blutreiniger.

+ ZÜRICH +

SALBEIKÜCHLEIN

1½ dl helles Bier + 40 ml Weisswein + 40 ml Öl + 1 Eigelb + 1 Prise Salz + 1 TL Frischhefe + 150 g Weissmehl + 1 Eiweiss + 1 Bund Salbei + Öl, zum Frittieren

1 Bier, Wein, Öl, Eigelb, Salz und Hefe zusammen leicht erwärmen, Mehl unterrühren. Der Teig muss leicht flüssig sein. Teig 30 Minuten zugedeckt ruhen lassen. Eiweiss steif schlagen und unterziehen.

2 Salbeizweige im Wasser schwenken, abtropfen lassen, mit Küchenpapier trocken tupfen. Blätter mit wenig Stiel von den Zweiglein schneiden.

3 Frittieröl auf 180 °C erhitzen, Salbeiblätter am Stiel durch den Teig ziehen, im Öl sofort schwimmend knusprig backen.

Tipps Warm zum Aperitif servieren. Der gleiche Teig eignet sich auch für Apfelküchlein.

+ ZÜRICH +

Alter Züritopf

40 g Butter + 100 g Zwiebeln, in Scheiben + 1 Knoblauchzehe, gewürfelt + ½ TL Kümmelsamen + 1 Lorbeerblatt + 800 g Schweinsvoressen + 600 g Weisskabis + Salz + Pfeffer aus der Mühle + 4 dl Gemüsebrühe + 200 g Dörrkastanien, in Wasser eingeweicht + 600 g festkochende Kartoffeln + 8 (Schweins-)Cipollata + 1 EL Öl

1 Kabis in Streifen schneiden. Eingeweichte Kastanien abgiessen und das Einweichwasser auffangen. Dunkle Stellen und braune Häutchen mit spitzem Messer entfernen. Kartoffeln schälen und in Würfel schneiden.

2 Backofen auf 180 °C vorheizen.

3 In einem Schmortopf Butter erhitzen, Zwiebeln, Knoblauch, Kümmel und Lorbeerblatt andünsten, Fleisch zugeben und weiterdünsten, Kabis unterrühren, würzen, mit Gemüsebrühe und wenig Einweichwasser der Kastanien auffüllen, aufkochen, im vorgeheizten Ofen bei 180 °C zugedeckt rund 50 Minuten schmoren. Kastanien und Kartoffeln beigeben, wenn nötig nachwürzen und Flüssigkeit nachgiessen. Topf wieder in den Ofen schieben und nochmals etwa 30 Minuten garen.

4 Cipollata in wenig Öl braten, auf den Züritopf legen.

+ ZÜRICH +

Dörrpflaumen mit Zimtglace

Zimtglace 3 Eigelbe + 70 g Zucker + 1,8 dl Milch + 2 dl Rahm + ½ Vanilleschote + 1 TL Zimtpulver + **Dörrpflaumen** 3 dl Wasser + 2–3 EL Zucker + 24 Dörrpflaumen ohne Stein + 1 dl Züribieter Marc + 200 g Doppelrahm + Schokoladenstäbchen

1 Wasser und Zucker aufkochen, Dörrpflaumen zugeben, auskühlen lassen. Marc zugeben, zugedeckt 24 Stunden ziehen lassen.

2 Für die Zimtglace Eigelbe und Zucker luftig aufschlagen. Milch und Rahm mit abgestreiftem Vanillemark aufkochen, unter die Eigelbmasse rühren, Creme in die Pfanne giessen und unter Rühren unter den Kochpunkt erwärmen, nicht kochen, Zimtpulver unterrühren, durch ein Haarsieb passieren, unter Rühren erkalten lassen. In der Glacemaschine gefrieren.

3 Pflaumen mit ein wenig Marcsirup in tiefen Tellern anrichten, Zimtglace und Doppelrahm dazugeben, mit Schokolade garnieren.

Bezugsquellen Adressenverzeichnis

Association Cynara Kardy
16, rue Balvignac
1227 Carouge
022 827 40 00
umg@umg.ch

Association neuchâteloise des maîtres bouchers
Rue de la Serre 4
2001 Neuchâtel
032 934 30 10
pierre@montandon.ch

bio-familia AG
Brünigstrasse 141
6072 Sachseln
041 666 25 55
www.bio-familia.com
info@bio-familia.com

Brauerei Locher AG Appenzeller Bier
Brauereiplatz 1
9050 Appenzell
071 788 01 40
www.appenzellerbier.ch
info@appenzellerbier.ch

Bündnerfleisch Brügger Parpan
Naturlufttrocknerei
7076 Parpan
081 382 11 36
www.bruegger-parpan.ch
info@bruegger-parpan.ch

Confiserie Reber
Schaffhauserzungen
Vordergasse 21
8200 Schaffhausen
052 625 41 71
www.schaffhauserzungen.ch
info@schaffhauserzungen.ch

Confiserie Speck
Zuger Kirschtorten
Am Bahnhof
6304 Zug
041 728 07 28
www.speck.ch

Damassine Association interprofessionelle
Alain Perret
Combe Bruquelin 27
2900 Porrentruy
032 466 80 03
www.aoc-ipg.ch

Geska AG
Glarner Schabziger
Ygrubenstrasse 9
8750 Glarus
055 640 17 34
www.geska.ch
info@geska.ch

Le Gruyère Interprofession du Gruyère
Case postale 12
1663 Gruyères
026 921 84 10
www.gruyere.com
interprofession@gruyere.com

Jucker Farm AG
Rafzer Spargel
Dorfstrasse 23
8607 Seegräben
044 934 34 84
www.juckerfarmart.ch
info@juckerfarmart.ch

Milchmanufaktur Einsiedeln
Reckholdern 6
8846 Wilerzell
www.region-einsiedeln.ch

Office du Tourisme du Canton de Vaud
Avenue d'Ouchy 60
1000 Lausanne 6
021 613 26 26
www.region-du-leman.ch
info@region-du-leman.ch

Proviande
Finkenhubelweg 11
3001 Bern
031 309 41 11
www.schweizerfleisch.ch
info@proviande.ch

Sbrinz Käse GmbH
Merkurstrasse 2
6210 Sursee
041 914 60 60
www.sbrinz.ch

Rheintaler Ribelmais
Rheinhofstrasse 11
9465 Salez
058 228 24 22
www.ribelmais.ch
hans.oppliger@lzsg.ch

so natürlich GmbH
c/o Verein Region Thal
Hölzlistrasse 57
4710 Balsthal
062 386 12 30
www.so-natuerlich.ch
sonatuerlich@regionthal.ch

Thurgau Tourismus
Egelmoosstrasse 1
8580 Amriswil
071 414 11 44
www.thurgau-tourismus.ch
info@thurgau-tourismus.ch

UrDinkel
Interessengemeinschaft
IG Dinkel
Inforama
3552 Bärau
034 409 37 38
www.urdinkel.ch
info@urdinkel.ch

Wenn nicht anders erwähnt, sind die Rezepte für 4 Personen berechnet.

+ ABKÜRZUNGEN +

EL	gestrichener Esslöffel
TL	gestrichener Teelöffel
dl	Deziliter
ml	Milliliter
l	Liter
g	Gramm
kg	Kilogramm
Msp	Messerspitze